Guido König/Helmut Weyand

Grammatik: richtig

Band II

Text- und Testbuch
Sekundarstufe I

Für Schule und Elternhaus
Für Einzel-, Partner- und Gruppenarbeit

Cornelsen

Inhaltsverzeichnis

»TEXT NACH TEXT«

Lehrervorwort

„Grammatik: richtig“ ist ein grammatisches Text- und Testbuch zum heutigen Deutsch. Seine beiden Bände stellen eine praktische Sprachlehre dar. Sie wollen dem Schüler helfen, sprachliche Gestalten und Leistungen zu erkennen, zu verstehen, grammatische Erscheinungen und Gesetzmäßigkeiten zu überprüfen und zu vertiefen. Dieses Schülerarbeitsbuch will Defizite der Sprachreflexion abbauen und den Unterricht der grammatischen Fraglosigkeit infragestellen. Der übliche stoffbeflissene Vollständigkeitsperfektionismus wird nicht angestrebt, wenngleich auf Übereinstimmung mit den geltenden Richtlinien und Lehrplänen streng geachtet wird.
Die meisten der vorliegenden Schulgrammatiken transportieren herkömmliche, formalistische Grammatik und bringen sie darüber hinaus auch noch schematisch an den Schüler heran. **„Grammatik: richtig“** dagegen nimmt sich eines heute vielfach vernachlässigten Lernfeldes des Sprachunterrichtes an und versucht eine ehrliche Antwort auf die Frage: Wieviel Grammatik braucht ein Schüler? Sie kann nur lauten: So wenig wie möglich und so viel wie nötig. Eine solche Formel kennzeichnet auch die beiden didaktischen Lager, die sich von Zeit zu Zeit (und zur Zeit!) kritisch gegenüberstehen.
So wenig wie möglich Grammatik sagen die Kommunikationsdidaktiker, die vornehmlich dem „Inhalt“ der sprachlichen Äußerung das Wort reden und die den Schüler optimal mit dem Handlungsinstrument Sprache mittels partnertaktischer Sprachverhaltensprogramme und Sprechstrategien ausstatten wollen. Grammatik so viel wie nötig sagen die Funktionalisten unter den Sprachdidaktikern, die den Schüler zwar auch zum sprachlichen Handeln und Denken, zu Verständigungsbereitschaft und Kommunikationsfähigkeit erziehen wollen, dabei aber bestrebt sind, auch die „Form“ der sprachlichen Äußerung durchsichtig zu machen. **„Grammatik: richtig“** vertritt diesen wissenschaftlichen Standpunkt und strebt dessen fachdidaktische Ziele an.
Als Gebrauchsgrammatik für Schule und Elternhaus versucht **„Grammatik: richtig“**, dem Funktionszusammenhang von Form — Inhalt — Leistung — Wirkung der Sprache einen gebührenden Stellenwert im Lehrplan zu verschaffen und einen angemessenen Spielraum am Lernort des Unterrichtes einzuräumen. In ihren einzelnen Lernsequenzen zum funktionalen Sprachtraining sind unsere Materialien der deutschen Grammatik „verpflichtet“, wie sie **Johannes Erben** in seinem großen „Abriß der deutschen Grammatik“ bzw. in dem kleinen „Leitfaden zur deutschen Grammatik“ in sprachwissenschaftlicher Strenge zusammenfassend niedergelegt, für sprachunterrichtliche Umsetzung bzw. zum sprachpraktischen Gebrauch bereitgestellt hat. Dieses Text- und Testbuch zum Sprachunterricht bleibt aber auch stets bezogen auf die sogenannte Duden-Grammatik (Band 4), die **Paul Grebe** als die umfassendste Standardgrammatik des heutigen Deutsch herausgegeben hat. Insgesamt kann man sagen, daß diese flankierende grammatische Maßnahme innerhalb der „konzertierten Aktion“ des Sprachunterrichtes eine sogenannte Kompromißgrammatik bietet, der es darum geht, Form und Stellung des Wortes, Sinn und Funktion des Satzes und Vielfalt und Wirkung des Textes einsichtig und verfügbar zu machen.
Demnach gliedert sich unser Trainingsbuch der deutschen Grammatik auf klassische Weise in — **Wortgrammatik,** unterteilt in Wortartenlehre und Wortformenlehre, — **Satzgrammatik,** unterteilt in Satzartenlehre und Satzgliederungslehre, — **Textgrammatik,** unterteilt in Textformenlehre und Textsortenlehre.
In curricularer Hinsicht wurde aus bewährt didaktischen Gründen der Aufbau einer synthetischen Anordnung gewählt. Wort — Satz — Text. Der Lehrgang geht aus von den einfacheren, kleineren Spracheinheiten, führt über die komplexen, größeren zu den komplizierten, größten Momenten der sprachlichen Äußerung und Struktur. Dabei ist hervorzuheben, daß es sich um eine didaktische Spirale handelt, bei der die nächsthöhere Schleife das bereits Behandelte in die neue Betrachtungsweise hinüberrettet und auf den nachfolgenden Lerninhalt verweist.
In einer gewissen Analogie zu den Sachprinzipien der Grammatik (nämlich Übersicht über die sprachlichen Grunderscheinungen und Einsicht in die sprachlichen Aufbaugesetze zu vermitteln) ist dieses grammatische Arbeitsbuch sowohl in der Stoffdarbietung überschaubar gegliedert wie auch in der Aufgabenstellung einsehbar nachzuvollziehen.
In drei graphisch abgehobenen Blöcken erscheinen drei unterschiedliche Bearbeitungseinheiten, die in ihrer inhaltlichen Füllung von den verschiedensten Kategorien geprägt und in der formalen Behandlung von den unterschiedlichsten Verfahren bestimmt werden.
Im Textblock wird zunächst eine bestimmte Textsorte vorgestellt. Sie dient thematisch und methodisch als Einstieg in den Problemzusammenhang. Dabei ist der jeweilige Text so ausgewählt und angeordnet, daß der grammatische Fall prägnant hervorgehoben erscheint. Innerhalb der gleichen Blockrahmung ist darüberhinaus eine grundlegende Information gegeben, die das Untersuchungsergebnis der exemplarischen Sprachanalyse liefert.
Die Übungsleiste (als Sammlung sprachlicher Ausdrücke in Wort und Satz) bietet den grammatikalischen Befund in einem Ordnungsschema an, das die gewonnene Einsicht im „Sprachspiel“ durchführt und einübt. Durch richtige Handhabung soll der funktionale Zusammenhang von Form, Inhalt und Leistung erkannt und der Trainingseffekt sichergestellt werden.
Die in der Querleiste enthaltenen Arbeitsaufträge beziehen sich jeweils auf die beiden Lernfelder einer Leistungseinheit. Jede Lernsequenz besteht in der Regel aus zwei Funktionseinheiten, die zwar inhaltlich als Reflexion über Sprache zusammengehalten werden, aber methodisch aus Gründen der stofflichen Eigenart und der Erkenntnisabsicht voneinander abgehoben sind. Auf Befunde der grammatischen Analyse folgen Aufgaben zur grammatischen Synthese. Der Analyseschritt stellt, sprachdidaktisch gesehen, die sogenannte Sprachbetrachtung dar. In einem ersten Arbeitsgang der grammatischen Reflexion wird ein „problemhaltiger“ Einstiegstext in seiner Ganzheit aufgenommen, in seine sprachlichen Teile zerlegt, hinsichtlich des jeweiligen Lernfalls untersucht und in seinem Informationsgehalt zusammengefaßt. Der nun folgende Syntheseschritt ist als Sprachgestaltung im Sinne grammatischer Anwendung zu verstehen. In diesem Arbeitsgang werden isolierte Spracheinheiten und grammatische Einzelelemente so dargeboten, daß sie in kreativer Anordnung und spielerischer Veränderung zu sprachlichen Größen verbunden, zu grammatischen Strukturen vereinigt und zu Ganztexten verarbeitet werden. Anders gesagt: die sprachlichen Einzelzeichen werden zu syntaktischen Ketten verknüpft, zu semantischen Feldern zusammengestellt und zu pragmatischen Sinnsetzungen ausgerichtet.

Diese kleine Skizze zur Didaktik von **„Grammatik: richtig“** mag indessen genügen, den Lehrer über Inhalt und Aufbau, Sinn und Zweck dieses Schülerarbeitsmittels zu informieren. Eine ausführlichere, sprachwissenschaftliche Begründung und didaktische Rechtfertigung sowie ins einzelne gehende methodische Anleitung bleibt einer Handreichung vorbehalten, die zu diesem Unterrichtswerk gehört und vom Lehrer durch den Verlag bezogen werden kann (**„Grammatik: richtig“** — unterrichtspraktische Hinweise und Vorschläge, Bestellnummer 102 88).

Schülerinformation

Die Verfasser können verstehen, daß Du der Meinung bist, Grammatik sei ebenso lästig wie überflüssig und könne ohne weiteres aus dem Lehrplan der Schule gestrichen werden. Denn ganz bestimmt hast Du die Erfahrung gemacht, daß grammatische Aufgaben und sprachliche Übungen stumpfsinnig und langweilig sein können.
Doch so einfach liegen die Dinge nicht. Gerade weil wir Deine Einwände und Bedenken ernst nehmen, solltest Du unsere Auffassung über Grammatik kennenlernen und in Deine Überlegungen einbeziehen. Wir sind davon überzeugt, daß auch die Beschäftigung mit der Muttersprache ihren Wert hat und daß Du daraus für Dein Sprachverhalten Gewinn ziehen kannst.
Wieso wirst Du fragen?
Wohl: Eine Grammatik des Deutschen beschreibt die deutsche Sprache. Und dabei kann sie aber nicht beim bloßen Feststellen aller „Zufälligkeiten" des Redens und Schreibens stehenbleiben, sondern muß notwendigerweise zu den „Gesetzmäßigkeiten" von Sprachsystem und Sprachgebrauch vordringen. Die Erkenntnisse, die auf solche Weise von der Sprachwissenschaft zutage gefördert wurden, sollen Dir an „mustergültigen Beispielen" bzw. „beispielhaften Musterfällen" im Deutschunterricht vermittelt werden. Einsicht in die Bauweisen, Leistungsformen und Gebrauchsregeln Deiner Muttersprache zu gewinnen wird auf diese Weise zu einem lohnenden Ziel. Entscheidend ist es dabei, diese Arbeit in spielerischer und lustiger Form zu gestalten.
„Grammatik: richtig" möchte Dir dies durch interessantes Lernen an Lehrstoffen schmackhaft machen, die auf den ersten Blick spröde erscheinen, auch vielfach langweilig dargeboten worden sind.
Der Lehrgang selbst ist einfach aufgebaut und leicht zu durchlaufen. Am Anfang jeder Grammatiklektion liest Du einen Einstiegstext mit wissenswertem Inhalt und unterhaltsamer Form. Was daran grammatisch interessant und lernenswert ist, weißt Du einerseits aus dem üblichen Sprachunterricht, wird andererseits durch den dazugehörigen Arbeitsauftrag aufgefrischt und darüber hinaus in einem Informationsblock als Ergebnis der Sprachbetrachtung zusammengefaßt. In den folgenden Lernfolgen trainierst, festigst und sicherst Du das gewonnene grammatische Können und Wissen durch, wie wir hoffen, abwechslungsreiche und kurzweilige Anwendungen und Übungen. Auch dies wird Dir leicht gelingen, wenn Du die entsprechenden Arbeitsaufträge aufmerksam liest.
Zu beherzigen ist auch folgendes: Um grammatisch fit zu bleiben oder zu werden, solltest Du nicht stundenlang Trainingsspiele machen und Übungsrätsel lösen, sondern Dir regelmäßig kleine Portionen in kurzen Zeitabständen vornehmen. Ein solches Konditionstraining trägt dazu bei, auf die Dauer Deinen Sprachverstand zu schärfen und mit der Zeit Dein Sprachgefühl zu verfeinern, so daß Du mit Sicherheit und Leichtigkeit erfolgreich und wirkungsvoll mit anderen reden kannst.
Daß Du die jeweilige grammatische Klassenaufgabe oder die sprachliche Hausarbeit zu einer bestimmten Zeit und an einem aufgeräumten Arbeitsplatz in Ruhe und ungestört erledigen solltest, ist zwar auch eine Selbstverständlichkeit, sei Dir aber doch noch einmal in Erinnerung gerufen.
Zum Schluß noch einen praktischen Vorschlag zum Umgang mit dem Schülerarbeitsbuch **„Grammatik: richtig"**: Zum Beispiel möchtest Du Dir zur Wiederholung für die Sprachlehre, zur Vertiefung der Gesprächserziehung oder als Hilfe für eine Textinterpretation klar machen, was Begriff, Gestalt und Leistung der grammatischen Einheit „Satz" ausmacht.
„Grammatik: richtig", Band 1, Seite 2 und 3, bietet Dir einen unmittelbaren Einstieg in die Beschäftigung mit der gefragten sprachlichen Erscheinung: Durch Einsicht und Übung erfolgt ein erster Zugriff auf dieses wichtige Sprachmittel und seine praktischen Möglichkeiten. Ein Blick in den Lernzielkatalog verweist, je nach Erkenntnisabsicht, auf die Sageform oder Aussageweise des Satzes (Indikativ, Konjunktiv, Imperativ). Der Informationstext, Seite 55, und die entsprechenden Gestaltungsaufgaben auf den folgenden Seiten geben durch ihre Bearbeitung vertiefte Einsicht und festigende Übung. Ins Zentrum der Satzlehre führt sodann das Kapitel über die Satzarten und Satzformen, wie sie in Band 2, Seite 6, dargestellt werden. Von hier aus können schließlich je nach Interessenlage und Aufgabenstellung im Vor- oder Rückgriff Einzelheiten über den Satz „erkundet" werden.
Ein anderes Beispiel stammt aus der Wortlehre.
Zu einer ersten Einsicht in das Wesen der grammatischen Einheit „Wort" verhilft das Studium der Seiten 12 und 13, Band 1. Differenziertere Kenntnisse und Fertigkeiten vermitteln über die Wortart Nomen beispielsweise die Betrachtungs- und Gestaltungsseiten ab Seite 16. Je nach Betrachtungsgesichtspunkt und Gestaltungsabsicht erfährst Du, wie die Nennwörter eingeteilt und gebildet werden oder was sie bedeuten, leisten und bewirken.
Über die Verwandtschaftsbeziehungen und die Arbeitsgemeinschaft des Nomens mit den Adnomen (Eigenschaftswörtern) und Pronomen (Fürwörtern) erfährst Du im Band 1 Weiteres und Näheres. Der Band 2 unseres Arbeitsbuches, Abteilung Textgrammatik, gibt über Gestalt und Leistung der Nomen, Adnomen, Pronomen im Rahmen einer bestimmten Textsorte genauere Auskunft und tieferen Aufschluß.
Wichtiger Arbeitshinweis in jedem Fall! Weil die Fachausdrücke der grammatischen Beschreibungssprache von Bundesland zu Bundesland, ja von Schule zu Schule anders sein können, solltest Du immer das Verzeichnis der lateinischen und deutschen Fachausdrücke auf der Innenseite des Buchdeckels benutzen. Hier findest Du hilfreiche Erläuterungen zu den oft verwirrenden Namen für grammatische Sachverhalte.
Alles in allem: Durch vertrauten Umgang mit Deinem Grammatikbuch und mit Hilfe von Lehrern oder Mitschülern, Eltern oder Geschwistern wirst Du durch gezieltes Fragen, eifriges Studium und sicherndes Üben zu jener grammatischen Fitness kommen, die einerseits den schulischen Anforderungen Genüge tut und andererseits Deine persönliche Bereitschaft und Fähigkeit zur Kommunikation mitfördern und weiter festigen hilft. Soviel kann hinsichtlich Deiner grammatischen Erfolgserlebnisse sicherlich ohne Übertreibung gesagt werden: Wenn der jeweilige Einstiegstext „zum Erstaunen", der dazugehörige Informationsblock „zum Begreifen" und die einzelnen Übungsaufgaben „zum Vergnügen" beitragen, dann wird sich auch das einstellen, was Du Dir selbst wünschst, was Eltern sich erhoffen, was Lehrer erwarten und was zum Schluß Dir Grammatix, Dein Wegbegleiter, durch dieses Text- und Testbuch der deutschen Sprache, zuruft:

„Grammatik: richtig"!

Fabeln von Gotthold Ephraim Lessing

A. Die Sperlinge

1. Eine alte Kirche, die den Sperlingen unzählige Nester gab, wurde ausgebessert.
2. Als sie nun in ihrem neuen Glanz dastand, kamen die Sperlinge wieder, ihre alten Wohnungen zu suchen.
3. Allein, sie fanden sie alle vermauert.
4. Zu was, schrien sie, taugt denn nun das große Gebäude?
5. Kommt, verlaßt den unbrauchbaren Steinhaufen!

B. Angemessene Erziehung

1. Man fragte den Adler: Warum erziehst du deine Jungen so hoch in der Luft?
2. Der Adler antwortete: Würden sie sich erwachsen so nahe zur Sonne wagen, wenn ich sie tief an der Erde erzöge?

C. Roß und Stier

1. Auf einem feurigen Rosse flog stolz ein dreister Knabe daher.
2. Da rief ein wilder Stier dem Rosse zu: Schande! Von einem Knaben ließe ich mich nicht regieren!
3. Aber ich, versetzte das Roß. Denn was für Ehre könnte es mir bringen, einen Knaben abzuwerfen?

INFO 1: Satzarten

1. Wer redet, macht sich Gedanken und drückt sie in Sätzen aus.
2. Grammatisch gesehen, ist der Satz die kleinste, relativ selbständige Redeeinheit unserer Sprache.
3. Den 3 Grundleistungen der sprachlichen Verständigung
   - eine Aussage machen
   - eine Auskunft einholen
   - eine Ausführung verlangen

   entsprechen 3 Grundmuster der deutschen Satzbildung:
   - der Aussagesatz (= Behauptungssatz)
   - der Fragesatz (= Klärungssatz)
   - der Aufforderungssatz (= Befehlssatz).
4. Der Aussagesatz wird durch den Punkt, der Fragesatz durch das Fragezeichen, der Aufforderungssatz durch das Ausrufezeichen am Satzschluß markiert.

Der Rabe und der Fuchs

Der Rabe trug ein Stück vergiftetes Fleisch, das der erzürnte Gärtner für die Katzen seines Nachbars hingeworfen hatte, in seinen Klauen fort ★ Eben wollte er es auf einer alten Eiche verzehren, als sich ein Fuchs herbeischlich und ihm zurief: sei mir gesegnet, Vogel des Jupiter ★ Für wen siehst du mich an ★ fragte der Rabe ★ Für wen ich dich ansehe ★ Bist du nicht der rüstige Adler, der täglich von der Rechten des Zeus herabkommt, mich Ärmsten zu speisen ★ Warum verstellst du dich ★ Sehe ich denn nicht in deiner siegreichen Klaue die Gabe ★ Der Rabe staunte und freute sich, für einen Adler gehalten zu werden ★ Großmütig dumm ließ er dem Fuchs seinen Raub herabfallen und flog stolz davon ★ Der Fuchs fing das Fleisch lachend auf und fraß es mit boshafter Freude ★ Doch bald fing das Gift an zu wirken, und er verreckte ★ Möchtet ihr euch nie etwas anderes als Gift erloben, ihr verdammten Schmeichler ★

ARBEITSAUFTRAG

1. Lies die Lessing-Fabeln und bedenk ihren Sinn.
2. Stelle die einzelnen Satzarten gruppenweise zusammen und prüfe, ob sie den 3 Grundleistungen der menschlichen Verständigung entsprechen.

1. In der Trainingsleiste ist eine Fabel von Lessing ohne Satzschlußzeichen abgedruckt.
2. Versuche, die richtigen Satzzeichen an die markierten Stellen zu setzen, um dadurch den Text verständlich zu gliedern.

SATZGRAMMATIK AUSSAGESATZ

DAS VERKEHRS-SICHERE FAHRRAD

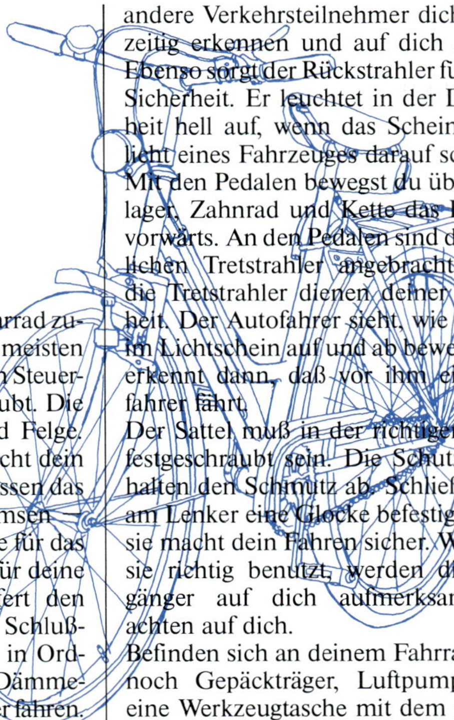

Der Rahmen hält das ganze Fahrrad zusammen. An ihm sind die meisten anderen Teile befestigt: Mit dem Steuerkopf ist der Lenker festgeschraubt. Die Speichen verbinden Nabe und Felge. Eine gute Bereifung darauf macht dein Fahrrad sicher. Glatte Reifen lassen das Rad leicht rutschen. Zwei Bremsen – eine für das Vorderrad und eine für das Hinterrad – sorgen ebenfalls für deine Sicherheit. Der Dynamo liefert den Strom für Scheinwerfer und Schlußleuchte. Ist dein Scheinwerfer in Ordnung, so kannst du auch bei Dämmerung und nebligem Wetter sicher fahren. Wenn deine Schlußleuchte einwandfrei brennt, hast du die Sicherheit, daß andere Verkehrsteilnehmer dich rechtzeitig erkennen und auf dich achten. Ebenso sorgt der Rückstrahler für deine Sicherheit. Er leuchtet in der Dunkelheit hell auf, wenn das Scheinwerferlicht eines Fahrzeuges darauf scheint. Mit den Pedalen bewegst du über Tretlager, Zahnrad und Kette das Fahrrad vorwärts. An den Pedalen sind die gelblichen Tretstrahler angebracht. Auch die Tretstrahler dienen deiner Sicherheit. Der Autofahrer sieht, wie sie sich im Lichtschein auf und ab bewegen. Er erkennt dann, daß vor ihm ein Radfahrer fährt.
Der Sattel muß in der richtigen Höhe festgeschraubt sein. Die Schutzbleche halten den Schmutz ab. Schließlich ist am Lenker eine Glocke befestigt. Auch sie macht dein Fahren sicher. Wenn du sie richtig benutzt, werden die Fußgänger auf dich aufmerksam und achten auf dich.
Befinden sich an deinem Fahrrad auch noch Gepäckträger, Luftpumpe und eine Werkzeugtasche mit dem nötigen Inhalt, dann ist dein Fahrrad voll ausgestattet.

Das verkehrssichere Fahrrad

LENKER
locker/feststellen

KABEL
schadhaft/reparieren

ROTES GLAS
schmutzig/säubern

KETTE
rostig/schmieren

RADNABE
verschmutzt/ölen

SPEICHEN
locker/anziehen

BREMSHEBEL
locker/festschrauben

BEREIFUNG
schadhaft/auswechseln

GRIFFE
glatt/anrauhen

SCHLUSSLEUCHTE
beschädigt/ersetzen

SCHEINWERFER
falsch eingestellt/ausrichten

BREMSKLÖTZE
abgenutzt/erneuern

FAHRRAD
verkehrstüchtig/starten zur Tour

feststellen, daß ...
finden, daß ...
bemerken, daß ...

INFO 2: Aussagesatz

1. Der AUSSAGESATZ stellt einen (Geschehens)vorgang oder (Seins)zustand berichtend dar.
   Weil es dabei darum geht, einer Sache etwas Bestimmtes zu- oder abzusprechen, d. h. etwas zu behaupten oder zu bestreiten, heißt er auch BEHAUPTUNGSSATZ.
   Bedenkt man, daß jemand jemandem etwas mitteilen oder erzählen will, wird er auch MITTEILUNGSSATZ oder Erzählsatz genannt.
2. Der Aussagesatz erscheint in zwei Formen:
   - als Einzelsatz (Der Rahmen hält das Fahrrad zusammen.)
   - als Gesamtsatz (Ist der Scheinwerfer in Ordnung, so kannst du auch bei Dämmerung sicher fahren.)
3. Wenn der Sprecher das Berichtete als wirklich geschehen darstellt, bedient er sich der Wirklichkeitsform (= Indikativ).
   Wenn er dagegen das Berichtete als nichtwirklich oder ungewiß, als möglich oder unsicher hinstellen will, verwendet er die Möglichkeitsform (= Konjunktiv).
4. Der Punkt ist als Satzschlußzeichen das „Signal" des Aussagesatzes.

Besser ein Sechser im Lotto als ein Achter im Fahrrad!

ARBEITSAUFTRAG

1. Zerlege ganze Sätze in ihre Aussage-Elemente: Der Rahmen hält das ganze Fahrrad zusammen.
   der Rahmen – das Fahrrad – zusammenhalten.
2. Durch eine neue Anordnung der Elemente kannst du die Aussage anders formulieren: Das Fahrrad wird vom Rahmen zusammengehalten.

1. In jedem Block der Wortliste sind 3 Satzelemente zusammengefaßt. Verbinde sie zu Einzelsätzen:
   Der Lenker *ist* locker. Frank *stellt ihn* fest.
2.* Bilde auch Gesamtsätze nach dem Muster: Frank *stellt fest, daß* der Lenker ...

Preisfragen: Wertvolles Wasser

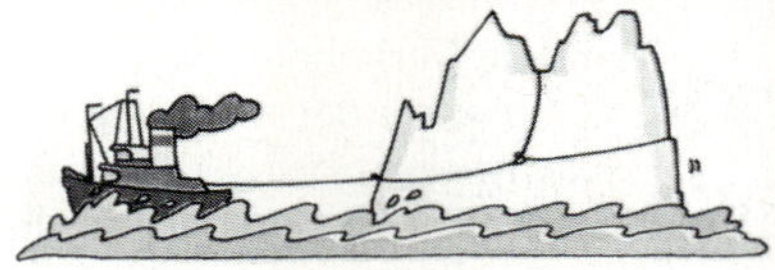

1. Was bedeutet Wasser für uns?

Problemen der Wasserversorgung wird heute oft eine große Bedeutung zugemessen. Wie siehst du die Bedeutung dieser Frage?
Werden die Bedeutung der Wasserversorgung und die damit verbundenen Fragen überschätzt? Gibt es andere Fragen zum Thema „Mensch und Umwelt“, die wichtiger sind? ja/nein
Ist die Bedeutung der Wasserversorgung genau so groß wie die Bedeutung unserer Energieversorgung? ja/nein

2. Ist die Wasseraufbereitung ein zu hoher Aufwand?

Verbrauchtes Wasser wieder aufzubereiten ist aufwendig. Je stärker die Abwässer verschmutzt werden, desto wichtiger wird die Aufbereitung.
Welcher der folgenden Aussagen stimmst du zu? (×)
Man muß verhindern, daß der Wasserverbrauch weiter steigt. ☐
Man muß notfalls den Wasserverbrauch rationieren. ☐
Rationieren von Wasser ist falsch. ☐
Die steigenden Kosten der Aufbereitung muß der Verbraucher tragen. ☐
Wer viel Wasser verbraucht (Industrie) muß dazu verpflichtet werden, die Abwässer wieder aufzubereiten. ☐

3. Wie kann man neue Wasserquellen erschließen?

Soll man neue Möglichkeiten zur Wassererschließung suchen, auch wenn Fehlschläge hingenommen werden müssen? ja/nein
Soll man auf ein bestimmtes Maß an Luxus verzichten, um ohne neue Wasserquellen auskommen zu können? ja/nein
Muß man die industrielle Produktion einschränken, um Wasser zu sparen? ja/nein

INFO 3: Fragesatz (1. Teil)

1. Im FRAGESATZ veranlaßt der Sprechende einen Angesprochenen zu einer Antwort.
2. Dem Inhalt nach lassen sich zwei Arten von Fragen unterscheiden:
   - Bei der SATZFRAGE fordert die Antwort des Angesprochenen eine ENTSCHEIDUNG. Diese Entscheidung wird in der Ja/Nein-Form gefällt und ist meist mit einer inhaltlichen Begründung verbunden. (Ist es notwendig, verbrauchtes Wasser wieder aufzubereiten? Ja, weil der steigende Wasserbedarf aus natürlichen Quellen nicht gedeckt werden kann.)
   - Bei der WORTFRAGE fordert die Antwort des Angesprochenen eine ERGÄNZUNG. Diese Ergänzung wird in der Form eines Wortes oder Satzgliedes gegeben. (*Wie* kann man neue Wasserquellen erschließen? Durch Aufbereitung von Meerwasser.)

Wortfragen

Was?
Wer?
Wann?
Wo?
Wie?
Warum?
Wieviel?
Weshalb?
Wieso?
Womit?
Welcher?
Welche?
Welches?
Was für ein?

- tun müssen
- ändern müssen
- davon halten
- darüber denken
- wichtiger sein
- Quellen erschließen

- Wasser sparen
- Verbrauch drosseln
- Wasser benötigen
- Beispiele nennen
- Hilfe bringen
- Folgerungen ziehen
- Möglichkeiten sehen
- Eisberge nutzen
- Abwasser reinigen
- Verschmutzung vermeiden
- Aufbereitung finanzieren
- Flüsse sauber halten
- Grundwasser schützen
- Land bewässern
- Stauseen anlegen
- Maßnahmen treffen
- Fragen lösen
- Wasser verschwenden
- Schluß ziehen
- Kosten tragen
- Wasserkraftwerke errichten

ARBEITSAUFTRAG

1. In einem Preisausschreiben werden dem jungen Leser 3 Aufgaben gestellt.
2. Die Aufgaben enthalten Aussagen und Fragen. Unterstreiche die Aussagesätze und übermale die Fragesätze.
3. Stelle Aussagesätze „in Frage“ und forme Satzfragen zu Aussagen um: Verbrauchtes Wasser aufzubereiten ist kostspielig. — Ist es wirklich kostspielig, . . . ?

1. Welches Fragewort kann man mit welcher verbalen Wortkette zu Wortfragen verbinden?
2. Bilde Fragesätze: *Was* muß man tun? Wer soll die Aufbereitung finanzieren? usw.

Wasser-Rückgewinnung — ein zu hoher Aufwand?

Unter „Rückgewinnung" versteht man die Aufbereitung von Abfällen, von Müll, zu neuen Rohstoffen. Man verwendet den Begriff im allgemeinen nur bei Stoffen wie Papier, Metall usw. *Aber warum sollte man ihn nicht auch auf das Wasser übertragen? Wird nicht auch das Wasser verbraucht und als Abwasser zu „Müll"?*
Abwasser-Aufbereitung geschieht in verschiedenen Klärverfahren. Aber in der ganzen Welt werden auch heute noch große Mengen Abwasser unaufbereitet in Seen, Flüsse, Grundwasser und Meere geleitet. Wie lange wird das noch geschehen können, wenn sich die Menschen nicht ihre Lebensgrundlage entziehen wollen?
Mit dem entsprechenden Aufwand lassen sich heute alle Schadstoffe aus dem Wasser entfernen. Aber genau hier liegt das Problem: Wer soll diesen Aufwand tragen?
Soll die Allgemeinheit mehr Geld ausgeben für Abwasseraufbereitung? Sollen die Wasserverbraucher einen höheren Preis dafür zahlen? Kann man durch mehr Sorgfalt im Umgang mit Schadstoffen das Problem lösen, oder wird auf die Dauer eine Einschränkung im Wasserverbrauch unumgänglich sein?
Wir müssen uns fragen, ob wir wirklich alles tun, die Verschmutzung des lebenswichtigen „Rohstoffs" Wasser zu vermeiden.

INFO 4: Fragesatz (2.Teil)

1. Der Form nach lassen sich zwei Arten von Fragen unterscheiden:
   - Bei der DIREKTEN FRAGE richtet der Sprecher die Frage unmittelbar an den Angesprochenen: Tun wir wirklich alles, um die Verschmutzung zu vermeiden?
   - Bei der INDIREKTEN FRAGE richtet der Sprecher die Frage nur mittelbar an den Angesprochenen, d. h. die Frage ist abhängig von einem Einleitungssatz: *Wir müssen uns fragen,* ob wir wirklich alles tun, um die Verschmutzung zu vermeiden.
2. Eine Sonderart des Fragens ist die ÜBERLEGUNGSFRAGE: Sie ist eine Aufforderung in Frageform mit dem Modalverb „sollen": Sollen die Verbraucher einen höheren Preis dafür zahlen?
3. Die REDNERFRAGE (oder rhetorische Frage) erwartet keine Antwort. Sie will den Angesprochenen zum Mit- und Nachdenken anregen: Wird nicht auch das Wasser verbraucht und als Abwasser zu „Müll"?
4. Das Fragezeichen ist als Satzschlußzeichen das „Signal" des Fragesatzes.

1 Die „indirekte Frage" hat kein Fragezeichen, weil im Einleitungssatz schon ein „Frageverb" steht.

Direkt gefragt

Lehrer: „Fritzchen, wie heißt die Vergangenheit von ‚Ich wache auf'?"
„‚Ich habe geschlafen', Herr Lehrer."

*

Der Lehrer: „Was tat Kolumbus, als er seinen Fuß auf amerikanischen Boden gesetzt hatte?" — „Er zog den zweiten nach, Herr Lehrer!"

*

Meinungsforscher zum Taucher: „Und was halten Sie vom Rauchen am Arbeitsplatz?"

*

Gast: „Herr Ober, was können sie mir heute empfehlen?"
„Am wenigsten wurde über den Schweinebraten gemeckert."

*

Frau Angel: „Na, was macht Ihr kranker Goldfisch?"
„Danke, er ist schon wieder auf den Beinen!"

*

Arzt: „Hat Ihr Mann die Angewohnheit, mit sich selbst zu sprechen?"
„Ich war noch nie dabei, wenn er allein war."

*

Tante Anna: „Hast du etwas verbrochen, daß du in der Ecke stehen mußt, Fritzchen?"
„Nein, aber wenn Besuch da ist, muß ich immer hier stehen, um den Fleck in der Tapete zu verdecken!"

ARBEITSAUFTRAG

1. Wasser-Aufbereitung wird immer mehr zum Problem. Lies den Informationstext, der auf viele Fragen keine Antwort weiß.
2. Ordne alle Fragen nach den in INFO 4 genannten Arten.
3. Forme sie zu indirekten Fragen um: Wir müssen uns fragen, ob . . . Wir fragen uns, wie . . .

1. Lies die Witze zum Thema „Fragesatz" und forme alle direkten Fragen zu indirekten Fragen um.
2. Überlege: Warum kommen in Witzen nie indirekte Fragen vor? Warum stehen hinter den Antworten (Aussagesätzen) so oft Ausrufezeichen? Beispiel: Der Lehrer fragt Fritz, wie . . . heiße.

A. Satzbaukasten

Der Dieb	Der Dieb aber stand ....
↓ aber	Aber der Dieb stand ....
↓ stehen	Stand der Dieb ....?
↓ unterdessen	Unterdessen stand .....
mäuschenstill	Mäuschenstill stand .....
↓ hinter	Hinter ....
↓ der Baum	Im Garten ....
↓ in	
↓ der Garten	In dem Garten ....

Der Hund
↓ jedoch
↓ zerren
↓ an
die Leine
bis
↓ wir
↓ er
schließlich
↓ die Tür
↓ öffnen

Die Kinder
↓ nehmen
↓ dann
der Abschied
von
↓ die Eltern
und
↓ fahren
mit
der Ferienzug
nach
↓ Konstanz
↓ an
der Bodensee

Frag mal nach!

ENTDECKUNG Amerikas
Wer hat ....?
Wann wurde ....?
Kolumbus hat ....
Amerika wurde ....

ERFINDUNG der Dampfmaschine
Wer hat ....
Wann wurde ....

ERSTBESTEIGUNG des Mount Everest
Wer hat ....
Wann wurde ....

UMSEGLUNG der Erde
Wer hat ....
Wann wurde ....

ÜBERQUERUNG des Atlantik im Flugzeug
Wer hat ....
Wann wurde ....

EROBERUNG des Weltalls
Wer hat ....
Wann wurde ....

ERBAUUNG des Eiffelturms
Wer hat ....
Wann wurde ....

Charles Lindbergh 1927
Gustav Eiffel 1887/89
Sir Edmund Hillary 1953
Christoph Kolumbus 1492
James Watt 1769
Magellan 1519 – 1522
Kosmonaut Gagarin 1961

B. „Fragwürdige" Antworten

....? Oslo.	....? Zweite Straße links.
....? Ja, weil ich schon um 5 Uhr aufstehen muß.	....? Nein, ich habe heute keine Zeit.
....? Tut mir leid, ich bin Nichtraucher.	....? In Argentinien 1978.
....? Nein, ich habe keine Karten mehr bekommen.	....? Weil ich keine Lust habe.
....? 50 Stundenkilometer.	....? 1492 von Kolumbus.
....? Auf einen Campingplatz in Spanien.	....? Nein. Ein schulfreier Samstag im Monat genügt.
....? Doch, aber erst in vierzehn Tagen.	....? 2 : 0.
....? Nein, er ist mit Frank ins Kino gegangen.	....? Mein Bus hatte Verspätung.
	....? Ich habe in der letzten Deutschstunde gefehlt.
	....? Ich mag nicht mehr!

ARBEITSAUFTRAG

1. Erstelle aus den „Bausteinen" des Satzbaukastens möglichst viele Aussage- und Fragesätze. (Muster!)
2. Erfinde zu den vorgegebenen Antworten der Übung B die passenden Fragen. (Achte auf Satz- und Wortfragen. Siehe INFO 3, Seite 8!)

1. In der Wortliste ist allerlei Wissenswertes zusammengestellt.
2. Stelle nach dem vorgegebenen Muster je 2 Fragen und gib die entsprechenden Antworten. (Achte auf das Satzschlußzeichen!)

Satzfabrik

A.

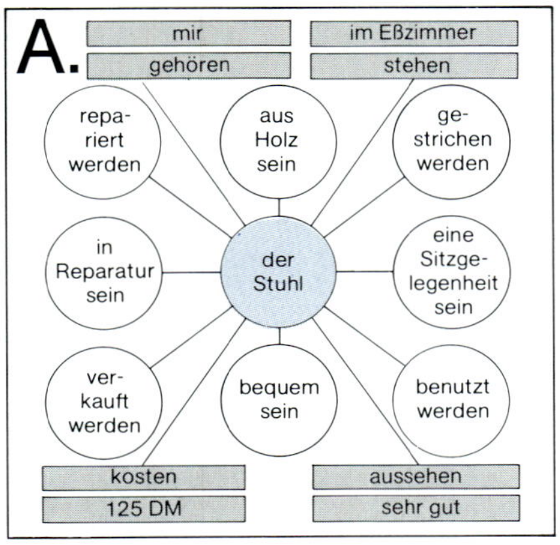

B.

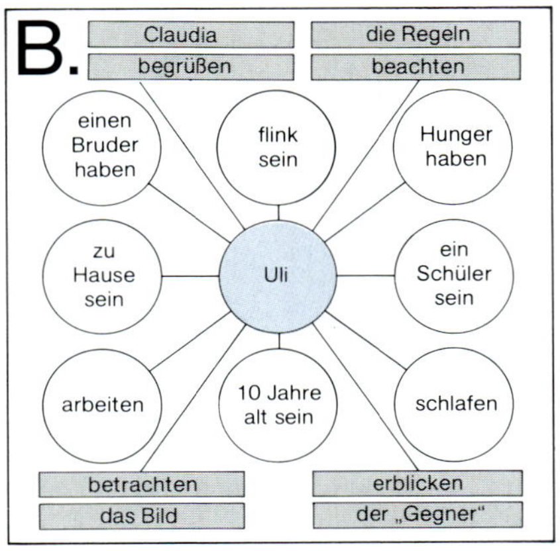

C.

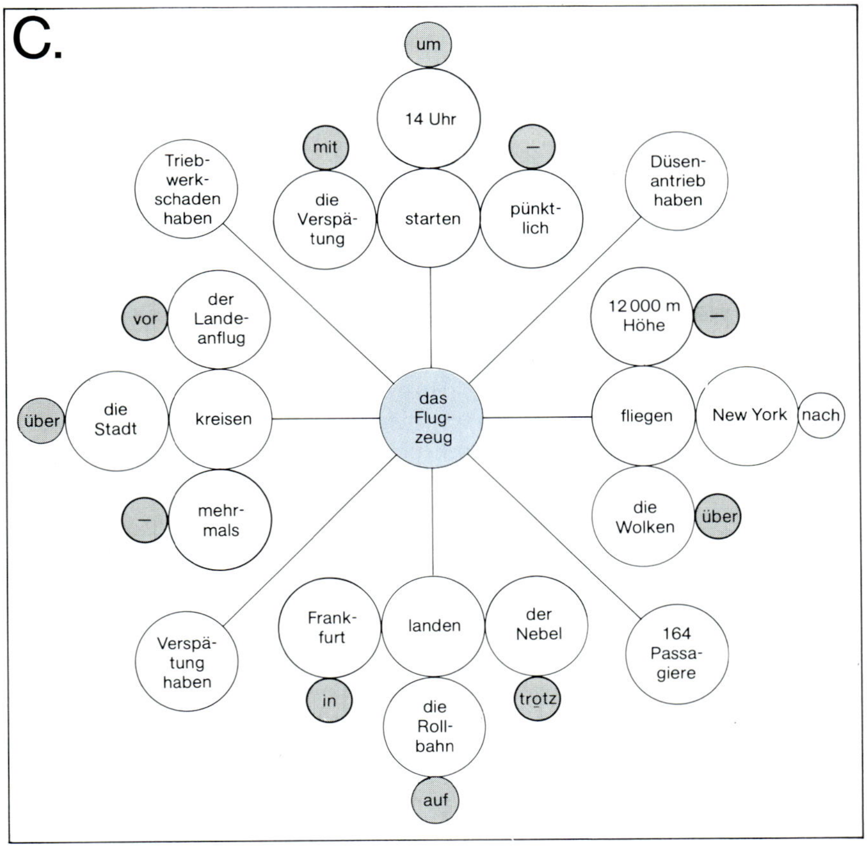

Frageformen

Vermißt du etwas?
Vermissen Sie etwas?

Weißt du, ob . . . . ?
Wissen . . . . ?

Läßt du . . .
. . . .

Mußt du . . .
. . . .

Mißt du . . .
. . . .

Vergißt du . . .
. . . .

Faßt du mit an?
. . . .

Aussageformen

Wir vermissen nichts.
Ihr vermißt nichts.

Wir wissen Bescheid.
Ihr wißt . . .

Wir lassen . . .
Ihr . . .

Wir essen . . .
Ihr . . .

Wir messen . . .
Ihr . . .

Wir vergessen . . .
Ihr . . .

Frage und Antwort

Gibst du mir . . . . ?
Ich gebe . . . .

Wirfst du . . .
Ich werfe . . .

Hilfst du . . .
Ich . . .

Stiehlst du?
Ich .nicht.

ARBEITSAUFTRAG

1. In der „Satzfabrik“ sollen aus Satzelementen Aussagesätze zusammengefügt werden.
2. Ordne den „Gegenständen“ Uli und Stuhl je 12 Einfach-Aussagen zu.
3. Erstelle in Übung C aus den vorliegenden Bausätzen Mehrfach-Aussagen: Das Flugzeug fliegt in 12000 m Höhe über . . . nach . . .

1. Wende die Verbformen in einfachen Sätzen an.
2. Achte beim Niederschreiben der Sätze auf den Wechsel ß↔ss und e↔i. (Das Anrede-Fürwort der Höflichkeitsform wird großgeschrieben!)

Verbote und Gebote

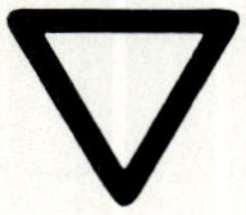

Vorfahrt gewähren!
Setzen Sie die Geschwindigkeit herab! Halten Sie an, wenn es der Verkehr erfordert! Tasten Sie sich langsam in die Vorfahrtsstraße hinein!

Vorfahrtstraße

Überholverbot
Verbietet Führern von Kraftfahrzeugen aller Art, mehrspurige Kraftfahrzeuge und Krafträder mit Beiwagen zu überholen.

Fußgänger

Halt! Vorfahrt gewähren
(negatives Vorfahrtszeichen)
Bei diesem Zeichen muß man **immer** das Fahrzeug bis zum Stillstand anhalten.

Rechts

INFO 5: Aufforderungssatz (1. Teil)

1. Der Aufforderungssatz drückt einen (Geschehens)vorgang oder einen (Seins)zustand aus, den der Sprecher verwirklicht wissen will oder sich herbeiwünscht, den er einem anderen befiehlt oder für sich selbst begehrt. Die Form des sogenannten Aufforderungssatzes erfüllt verschiedene Funktionen bei der Verständigung:
2. Als BEFEHL stellt er eine scharfe Aufforderung an die 2. Person (im Singular oder Plural) dar: Fahre geradeaus! Biegen Sie links ab!
3. Als BITTE stellt er eine höfliche Aufforderung mit der Anrede „Sie" dar: Zeigen Sie mir bitte Ihren Führerschein!
4. Als WUNSCH stellt er eine wohlwollende Aufforderung mit dem Modalverb „mögen" dar: Mögt ihr wieder gut nach Hause kommen! Gute Fahrt!
5. Als GEBOT stellt er eine zwingende Aufforderung mit dem Modalverb „sollen" dar: Du sollst vorsichtig fahren!
6. Als VERBOT stellt er eine strenge Aufforderung mit dem Modalverb „müssen" dar: Du mußt hier anhalten!
7. Als WEISUNG stellt er eine gebieterische Aufforderung mit „haben + Infinitiv" dar: Du hast anzuhalten!
8. Als AUSRUF stellt er eine gefühlsgeladene Aufforderung dar, die Freude, Trauer, Zorn, Ärger, Staunen . . . ausdrücken kann: Fahr doch endlich weiter!
9. Als REDNERFRAGE (= rhetorische Frage) stellt er eine schroffe Aufforderung mit dem Modalverb „wollen" dar: Wollt ihr endlich aufhören!?

Alles verboten!

- Rauchen verboten
- Betreten des Rasens verboten
- Hupen verboten
- Durchfahren verboten
- Zelten verboten
- Durchgang verboten
- Das Hinauslehnen aus dem Fenster ist verboten
- Betreten der Baustelle verboten – der Bauherr –
- Spielen und Radfahren auf dem Schulgelände verboten – die Stadtverwaltung –
- Überschreiten der Gleise ist verboten – DB –
- Hausaufgaben abschreiben verboten – der Deutschlehrer –
- Füttern der Tiere untersagt – Zooleitung –
- Unbefugten ist das Betreten verboten – Direktor –
- Lärmen im Hof verboten – Hausbesitzer –
- Ankleben von Plakaten verboten – der Eigentümer –
- Betteln und Hausieren verboten – Verwalter –

„Das Betreten dieses Platzes durch Kinder, Hühner und ähnliches Kleinvieh ist durch etwaigen Schaden abzuhalten."

ARBEITSAUFTRAG

1. Viele Verkehrsschilder sind nichts anderes als Aufforderungssätze in der Form von Zeichen. Schau dir die Gebots- und Verbotszeichen genau an.
2. Was fordern die Zeichen? Schreibe alle Aufforderungssätze auf. Verfahre dabei wie im vorgegebenen „Muster".

1. Lies in der Wortliste, was man alles verbieten kann – oder muß.
2. Forme die Verbote um: in Befehle, Bitten, Gebote, Verbote und Weisungen im Sinne von INFO 5.

Spaß mit Zitronen- und Orangenkernen

Was du dazu brauchst: Kerne von Zitrusfrüchten, einen Blumentopf mit Blumenerde. Du kannst sogar winzige Bäumchen aus Kernen ziehen. Zitronen-, Mandarinen-, Orangenkerne wachsen gut, besonders wenn du sie zeitig im Frühjahr einsetzest.

1. Nimm dir den Samen aus Früchten mit vielen Kernen! Füll einen Topf mit Blumenerde, befeuchte sie gut und drück drei Kerne leicht in die Erde ein!

2. Ich rate dir, die Töpfe zu beschriften, damit du die Pflanzen später auseinanderhalten kannst.

3. Achte darauf, daß die Töpfe an einem warmen, dunklen Platz (z. B. in einem belüfteten Schrank) stehen, bis du den ersten Keimling siehst. Die Kerne brauchen mehrere Wochen, um zu keimen. Halt die Erde in dieser Zeit immer feucht!

4. Stell die Töpfe an ein sonniges Fenster! Wenn die Pflanzen zwei Blätterpaare haben, verpflanz sie sorgfältig einzeln in kleine Töpfe.

5. Nach einigen Monaten hast du kleine Bäume mit glänzenden, dunkelgrünen Blättern. Und wenn du sie über ein paar Jahre hinweg hegst, bekommen sie wohlriechende Blüten und vielleicht auch kleine Früchte!

INFO 6: Aufforderungssatz (2. Teil)

1. Der Form nach lassen sich 2 Arten von Aufforderungen unterscheiden:
   - Bei der direkten Aufforderung drückt der Sprecher sein Begehren unmittelbar aus: Nimm dir den Samen aus Früchten mit vielen Kernen!
   - Bei der indirekten Aufforderung wird das Begehren in einen abhängigen Satz verlagert: Ich rat dir, die Töpfe ...
     Ich fordere dich auf, die Töpfe ...
2. Das Ausrufezeichen ist als Satzschlußzeichen das Signal des direkten Aufforderungssatzes.

Wünsche

zu Hause sein
Wären wir *doch endlich* zu Hause!

ein Tor fallen
Fiele ...

hitzefrei haben
Hätten ...

Ferien bekommen
Bekämen ...

zu mir kommen
Kämst du ...

Sonne scheinen
Wenn .... würde!

gesund sein
Wenn ...

Verwünschungen

auf dem Mond sein
Ach, wärst du ...

sein, wo der Pfeffer wächst
Ach, ...

Vorwürfe

seinen Mund halten
Hätte ich *doch* ...

die Vokabel lernen
Hätte ...

auf dich hören
Hätte ...

besser aufpassen
Hätte ...

früher kommen
Wäre ...

mitkommen
Wärst du ...

zu Hause bleiben
Wäre ...

ARBEITSAUFTRAG

1. Kennzeichne die 5 direkten und die beiden indirekten Aufforderungen.
2. Forme die direkten in indirekte Aufforderungen um.
3. Stell Fragen, auf die dir der Text Antworten geben kann: Woher bekomme ich die Samen? Wie pflanzt man die Samen? usw. Schreibe auch die Antworten auf.

1. Wünsche, Verwünschungen und Vorwürfe sind gefühlsbetonte Sprechakte.
2. Überlege: Wieso haben sie Aufforderungscharakter?
3. Vervollständige die Aufforderungssätze nach dem vorgegebenen Muster.

Was Schihasen und Wandervögel wissen müssen

A. Hinweise am Sessellift

1. Den Anweisungen des Bedienungspersonals unbedingt Folge leisten.
2. Die Liftbügel nach dem Einsteigen an der Talstation schließen.
3. Nicht in den Sesseln schaukeln.
4. Rauchen während der Fahrt unterlassen.
5. Bügel vor der Bergstation rechtzeitig öffnen.
6. Schispitzen vor dem Verlassen des Lifts anheben.
7. Die Ausstiegstelle schnell verlassen.

Hinweise am Schlepplift

1. Den Anweisungen des Bedienungspersonals unbedingt Folge leisten.
2. Immer in der richtigen Spur fahren.
3. Zu- und Absteigen auf der Strecke unterlassen.
4. Bei Sturz sofort die Fahrbahn verlassen.
5. Am Ausstiegplatz rasch wegtreten.
6. Schiliftstrecke bei der Abfahrt nicht kreuzen.

B. 10 Gebote für Bergwanderer

1. Bereite jede Wanderung mit Hilfe der Wanderkarte vor!
2. Plane keine zu großen Tagesmärsche!
3. Trag bei jeder Bergwanderung festes Schuhwerk und wetterfeste Kleidung!
4. Verlaß auf keinen Fall die markierten Wege!
5. Beachte die Wettervorhersage und die Wetterlage!
6. Kehre sofort um, wenn Nebel aufzieht oder wenn die Gipfel sich in Wolken zu hüllen beginnen!
7. Unternimm keine Tour, von der dir der Hüttenwart oder der Bergwachtposten abrät!
8. Laß die geschützten Pflanzen stehen!
9. Wirf leere Konservendosen und Flaschen, Obstschalen und Butterbrotpapier nicht an Wegränder oder auf Rastplätze!
10. Gib der zuständigen Bergwacht oder dem Hüttenwart unbedingt an, wann du ungefähr zurückkehrst!

Der Imperativ

sehen
sieh! → seht!

werfen
wirf! → werft!

sterben
stirb! → ...

verderben
verdirb! → ...

sprechen
sprich! → ...

abbrechen
brich ab! → ...

stechen
stich! → ...

nehmen
nimm! → ...

treffen
triff! → ...

erschrecken
erschrick nicht!

befehlen
befiehl! → ...

sich bewerben
bewirb dich! → ...

vergessen
vergiß nicht! → ...

essen
iß! → ...

fressen
friß! → ...

messen
miß! → ...

lesen
lies! → ...

ARBEITSAUFTRAG

1. Forme Text A so um, daß die *versteckte* Aufforderung *offensichtlich* wird: z. B. Leiste den Anweisungen ...! Leisten Sie ...!
2. Schreibe die Aufforderungssätze in Text B in unpersönlicher Form: z. B. Jede Wanderung *ist* mit Hilfe ... *vorzubereiten* — und: Jede Wanderung mit Hilfe ... *vorbereiten.*

1. Schreibe die Aufforderungen in der Mehrzahl. (Achte auf die Vokaländerung!)
2. Formuliere einige Aufforderungen in Sätzen.

«Satzschlange»

Im Pfadfinderlager

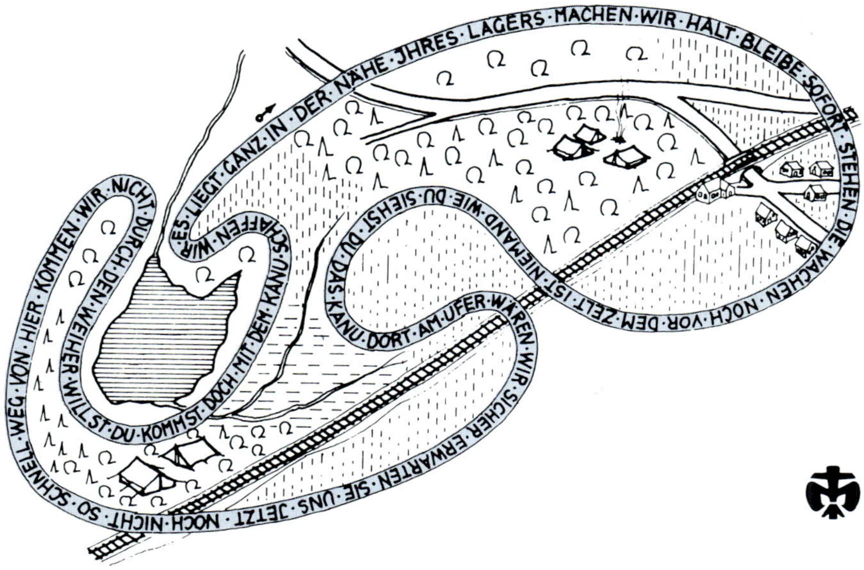

Von Satzart zu Satzart

SATZART	MUSTERSATZ	Beispielsätze ...		
direkte AUSSAGE	Ich komme mit.	Er geht weg.	Ulf liest einen Roman.	?
indirekte AUSSAGE	Er sagte, er komme mit.	...	...	
direkte FRAGE	Kommt er mit?	...	...	
indirekte FRAGE	Er wollte wissen, ob er mitkommen könne.	...	...	
direkte AUFFORDERUNG	Komm mit!	...	...	
indirekte AUFFORDERUNG	Ich fordere dich auf, mitzukommen.	...	...	

Satz-Allerlei aus allerlei Sätzen

verkaufen
der Besitzer / das Haus

Der Besitzer verkauft das Haus.
Verkauft ... ?
Das Haus wird von dem Besitzer verkauft.
Wird das Haus ... ?
Der Besitzer soll das Haus doch verkaufen!
Ich frage mich, ob ... ?
Ich habe gehört, daß ...
Wenn der Besitzer das Haus doch nur ... !

bezahlen
Vater / die Rechnung

schreiben
Peter / der Brief

schießen
Müller / der Strafstoß

überfallen
die Indianer / das Fort

unterschreiben
der Chef / die Urkunde

pflanzen
der Gärtner / der Baum

vergleichen
der Kunde / die Preise

kosten
der Gast / der Wein

verlieren
Meyer / der Prozeß

beenden
der Lehrer / die Übung

ziehen
der Zahnarzt / der Zahn

ARBEITSAUFTRAG

1. In der „Satzschlange" sind Aussage-, Frage- und Aufforderungssätze ineinandergearbeitet. Das letzte Satzelement ist immer das erste des nachfolgenden Satzes.
2. Entschlüssele die Unterhaltung der Pfadfinder und ordne die 14 Sätze nach Satzarten.
3. Ergänze die Beispielsätze der Übung B. Spiel die Übung auch mit anderen Satzbeispielen durch.

1. In der Wortliste sind Satzelemente zusammengestellt.
2. Verbinde sie nach dem vorgegebenen Muster zu Aussage-, Frage- und Aufforderungssätzen.

SO FUNKTIONIERT DER DIESELMOTOR

Der VW hat einen Wirbelkammermotor. Die Wirbelkammer (W) ist mit dem Hauptbrennraum durch einen dünnen Kanal verbunden. Beim Komprimieren der Luft bilden sich in der Kammer Luftwirbel. So wird der Kraftstoff besser verbrannt. Die Verbrennung beginnt in der Wirbelkammer. Sie breitet sich dann auf den Hauptbrennraum aus. In die Kammer münden die Einspritzdüse (E) und die Glühkerze (G). Sie wird aber nur beim Kaltstart gebraucht.

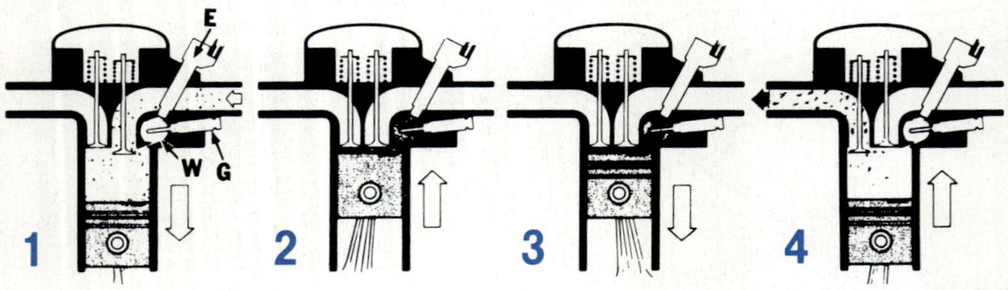

1. Der Kolben geht abwärts. Er saugt reine Luft in den Verbrennungsraum. Einen Vergaser gibt es nicht.

2. Der Kolben geht aufwärts. Er preßt die Luft zusammen. Sie erhitzt sich dabei auf 700–900 Grad.

3. Unter hohem Druck wird Diesel eingespritzt. Er entzündet sich an der heißen Luft. Der Kolben wird abwärts gedrückt.

4. Der Kolben geht wieder aufwärts. Das Auslaßventil öffnet sich. Die Abgase werden ausgestoßen.

INFO 7: Einzelsatz

1. Wer redet, gebraucht Sätze von unterschiedlicher Bauweise.
2. Wenn man deutsche Sätze von der Ähnlichkeit im Erscheinungsbild her betrachtet, so kann man verschiedene *Ähnlichkeitsgruppen* oder *Satztypen* feststellen.
3. Dabei sind zwei Grundtypen zu unterscheiden:
   - der EINZELSATZ: Der Kolben geht abwärts
   - der GESAMTSATZ: Während der Kolben abwärts geht, saugt er reine Luft in den Verbrennungsraum
4. Beim Einzelsatz besteht der ganze Satz aus SATZTEILEN. Zu unterscheiden sind zwei Untergruppen:
   - als einfacher Einzelsatz besitzt er nur 2 Satzteile, nämlich Subjekt und Prädikat (oder anders gesagt: Satzkern und Grundgröße)
     Beispiel: [Die Verbrennung] [beginnt].
   - als erweiterter Einzelsatz besteht er aus mehreren Satzteilen.
     Beispiel: [Die Verbrennung] [beginnt] [in der Wirbelkammer].
5. Rein informative Textsorten, wie z. B. Gegenstands- und Vorgangsbeschreibungen, bevorzugen knappe Aussagen in einfacher „Bauweise": EINZELSÄTZE!

So testete der ADAC einen Pkw-Diesel[1]

VORTEILE

+ ungewöhnlich drehfreudiger Motor
+ leise arbeitender Motor
+ sehr gute Fahrleistung
+ äußerst sparsam im Verbrauch
+ handlich und leicht zu bedienen
+ feste, geräumige und übersichtliche Karosserie
+ praktische Heckklappe
+ Rücksitzbank umlegbar
+ großer Laderaum
+ sichere Straßenlage
+ sehr gute Kurveneigenschaften
+ spurensichere Bremsen
+ gut geformte und gepolsterte Sitze

★

NACHTEILE

– lautes „Nageln" beim Kaltstart
– hinten keine Ausstellfenster
– starke Selbstverschmutzung der Heckscheibe
– Verbundglasscheiben nur gegen Aufpreis.

1 Anm.: Welchen? Das darf man hier nicht verraten – wegen der Schleichwerbung!

ARBEITSAUFTRAG

1. Lies die Funktionsbeschreibung des Dieselmotors und liste den Text in durchnumerierte Einzelsätze auf.
2. Kennzeichne die einfachen bzw. erweiterten Einzelsätze durch Einkreisen der Satzteile:
   [So] [funktioniert] [der Dieselmotor.]

1. Lies den ADAC-Test des Dieselmotors.
2. Bilde einfache Einzelsatz-Aussagen mit Hilfe der Testmerkmale und kennzeichne die Satzteile:
   [Das Auto] [besitzt] [einen ungewöhnlich drehfreudigen Motor]. [Der Motor] [arbeitet] [leise].

NIE ohne Helm und Handschuhe

1. Auch auf dem Mofa mußt du damit rechnen, daß Unvorhergesehenes passiert. Besonders gefährdet ist der Kopf, wenn man stürzt oder einen Unfall hat. Also solltest du einen
2. Sturzhelm tragen. Wer darüber lächelt, hat keine Ahnung. Die meisten Dinge am Wegrand sind härter als der menschliche Schädel. Genauso wichtig wie der Helm sind
3. die Handschuhe. Nie solltest du ohne fahren, weil beim kleinsten Ausrutscher zuerst die Hände dran sind. Schürfwunden tun an den Händen besonders weh! Die Kleidung sollte nicht nur winddicht sein, sie soll auch durch ihre Farbe auffallen.
4. Gelb wird am besten gesehen. Gegen Wespen im Auge hilft eine Brille, was du nie vergessen darfst. Und noch was: Auf dem Mofa darfst du nur alleine sitzen, weil das arme Ding mit zweien echt überladen wäre.
5. Die Polizei hat es nicht gern, wenn du einen aufsitzen läßt, und außerdem hält dein Fahrzeug länger, wenn du's nicht zum Personentransport verwendest. Nur Moped- und Mokickfahrer dürfen, wenn der Platz dafür vorhanden ist, eine „Sozia" mitnehmen, aber nur dann, wenn sie vernünftig angezogen ist.
6. Auch für Mädchen gibt es praktische und zugleich hübsche Sachen, so daß es heute kein Problem mehr ist, auf zwei Rädern nett auszusehen.

INFO 8: Gesamtsatz

1. Die Wahl des Satztyps hängt von der jeweiligen Sprechsituation ab. Die Häufigkeit und die Beschaffenheit der Satztypen sind wichtig für Redeabsicht und Hörverstehen.
2. Erzählende und kritische Textsorten zum Beispiel stellen kompliziertere Sachverhalte dar: komplizierte Aussagen erfordern eine komplexe Satzform: den Gesamtsatz!
3. Beim Gesamtsatz besteht der ganze Satz aus „TEILSÄTZEN":
   - Als einfacher Gesamtsatz besitzt er einen Rumpfsatz (Hauptsatz) und einen Gliedsatz (Nebensatz)). — Vergleiche hierzu die Textbeispiele 1 bis 4: Auch auf dem Mofa mußt du ... usw.
   - Als erweiterter Gesamtsatz besitzt er einen Rumpfsatz und mehrere Gliedsätze. — Vergleiche hierzu die Textbeispiele 5 und 6: Die Polizei hat es nicht gern ... usw.

Satzfabrik

... wissen, daß ...
... begreifen, daß ...
... behaupten, daß ...
... sagen, daß ...

... fragen, ob ...
... sich erkundigen, ob ...
... wissen wollen, ob ...

... verlangen, daß ...
... fordern, daß ...
... wünschen, daß ...

Bei der Verkehrskontrolle wußte der Mopedfahrer nicht, daß er einen Helm tragen muß.

... der Mann, der ...
... der Hund, der ...
... die Frau, die ...
... die Aufgabe, die ...
... das Kind, das ...
... das Heft, das ...
... der Mann, dem ...
... die Ampel, an der ...
... das Auto, vor dem ...
... der Fahrer, den ...

Die Ampel, an der ich vorbeikam, zeigte noch gelb.

... kommen, weil ...
... gehen, um ... zu ...
... fahren, obwohl ...
... bleiben, bis ...
... wohnen, wo ...
... kommen, woher ...
... gehen, wohin ...
... rufen, wenn ...
... beobachten, wie ...
... schreiben, weil ...

Mein Sohn konnte nicht zum Unterricht kommen, weil er stark erkältet war.

ARBEITSAUFTRAG

1. Lies die Verhaltensvorschrift für Mofa-Fahrer.
2. Schreibe aus dem Text alle Einzelsätze heraus.
3. Unterscheide bei den restlichen Sätzen zwischen einfachen und erweiterten Gesamtsätzen. Bestimme die Teilsätze als Rumpfsatz und Gliedsätze.

1. In der „Satzfabrik" entstehen aus den angegebenen „Gelenkstellen" Gesamtsätze.
2. Markiere jeweils Rumpf- und Gliedsatz.

A. Vom einfachen Einzelsatz zum erweiterten Einzelsatz

Peter arbeitet.	wann? wo? wie?	Peter arbeitet nachmittags. Peter arbeitet im Garten. Peter arbeitet sehr sorgfältig.
Der Zug fährt.	wohin? wann? wie lange?	....
Der Bauer pflügt.	was? womit? wo?	....
Frank ist eingeschlafen.	wo? warum? wann?	Frank ist .... eingeschlafen. ....
Ich verreise.	bis wann? wie lange? wann?	....

B. RUMPFSÄTZE gesucht!

„Wenn wir alle Engel wären" (H. Spoerl, 1926)	Wenn wir alle Engel wären, hätte der Teufel nichts zu lachen.
„Wenn es rote Rosen schneit" (Hedda Sauer, 1904)	Wenn ...., ...
„Wenn das Schicksal ruft" (Katharina Pauli)	Wenn ...., ...
„Wenn die Erde bebt" (H. Risse, 1950)	Wenn ...., ...
„Wenn Milch und Honig fließen" (Jürgen Eick)	Wenn ...., ...
„Als Großvater auf der Tanne saß" (Peter Rosegger)	Als Großvater auf der Tanne saß, nahm Moritz heimlich die Leiter weg.
„Als ich noch der Waldbauernbub war" (Peter Rosegger)	Als ...., ...
Als Vaters Bart noch rot war" (Wolfdietrich Schnurre)	Als ...., ...
„Als wir damals Rollschuh liefen" (Karl Ude)	Als ...., ...

„Allzuviel ist ungesund"

Die freundliche Krankenschwester bringt dem seit einer Woche schwer an Lungenentzündung erkrankten kleinen Frank eine vom Arzt verordnete Medizin auf sein Zimmer im ersten Stock des Krankenhauses.

*

Die Marktfrauen aus Lisdorf verkauften am Dienstagmorgen auf dem Alten Markt in Saarwellingen bei strömendem Regen die von ihnen am Vortag frisch gepflückten Erdbeeren zu einem äußerst günstigen Preis.

*

Die Sekretärin unseres Direktors brachte heute morgen während der dritten Stunde unserem Turnlehrer, Herrn Gutzmann, einen wichtigen Brief auf den Sportplatz hinter dem neuerrichteten Hallenbad am Erlenweg.

*

Manch ein vielbeschäftigter Schüler muß morgens vor dem Unterricht im Zug oder auf dem Bahnsteig oder aber während der kurzen Pausen in der Toilette von einem fleißigeren Mitschüler die äußerst umfangreichen und außerdem „völlig überflüssigen Hausaufgaben" aus der letzten Stunde in aller größter Eile und Hektik abschreiben ...

ARBEITSAUFTRAG

1. Bilde mit Hilfe der Fragebestimmungen (Übung A!) weitere Sätze.
2. Ergänze die Gliedsätze der Übung B durch interessante oder lustige Rumpfsätze.

1. Lies die „Satzungetüme" in der Übungsspalte.
2. Forme die „überladenen " Einzelsätze in zwei oder mehrere verständlichere Einzelsätze um.

A. Vom Einzelsatz zum einfachen Gesamtsatz

E ● Bei Sonnenschein | gehen wir heute mittag schwimmen ●
G ● Wenn die Sonne scheint , | gehen .... ●
E ● Bei Verlust des nächsten Heimspiels | geraten wir in die Abstiegszone ●
G ● Wenn .... , | geraten .... ●
E ● Vor Reiseantritt | sollten Sie eine Gepäckversicherung abschließen ●
G ● Bevor .... , | sollten .... ●
E ● Unmittelbar nach unserer Ankunft in unserem Ferienort | wurden wir telefonisch zurückgerufen ●
G ● Als .... , | wurden .... ●
E ● Nach dem Mittagessen | machen wir einen längeren Spaziergang ●
G ● Wenn .... , | machen .... ●
E ● Wegen heftiger Zahnschmerzen | mußte ich den Zahnarzt aufsuchen ●
G ● Weil .... , | .... ●
E ● Unsere Wohnung wurde | während unseres Theaterbesuches | ausgeräumt ●
G ● Unsere .... , | als .... ●
E ● Frank hat | trotz seines großen Fleißes | die Versetzung nicht geschafft ●
G ● Frank .... , | obwohl .... ●

B. Vom Einzelsatz zum erweiterten Gesamtsatz

E ● Wegen starker Erkältung | konnte ich | zu meinem Bedauern | nicht kommen ●
G ● Weil .... , | konnte .... , | was ich .... ●
E ● Trotz starken Regens | waren wir | bis zum Einbruch der Dunkelheit | weg ●
G ● Obwohl ..... , | waren wir weg , | bis .... ●
E ● Bei Ferienbeginn | fahren wir | zur Erholung | in die Berge ●
G ● Wenn .... , | fahren wir .... , | damit .... ●
E ● Bei Herbstbeginn | brechen die Schwalben | zu ihrem Flug in den Süden auf ●
G ● Wenn .... , | brechen .... , | um in den Süden .... ●
E ● Bei seiner Atlantik-Überquerung | kam der kühne Segler | trotz eines Sturmes | nicht vom Kurs ab ●
G ● Als .... , | kam .... , | obwohl .... ●

Schachtelsätze

Der junge Mann,
der die Diebe,
die in der Nacht zum Sonntag das Auto,
das auf der Landstraße,
die nach Brenschelbach führt,
geparkt war,
gestohlen haben,
beobachtet hat,
soll sich melden.

★

Die Frau,
die den Geldbeutel,
den ein Schüler,
der auf dem Weg zur Humboldt-Schule war,
gefunden hat,
vermißt,
kann ihn beim Hausmeister abholen.

Treppensätze

Wenn es Frühling wird,
kehren die Zugvögel zurück,
die uns im Herbst verlassen,
um in wärmere Länder zu fliegen,
wo sie den Winter verbringen,
weil sie bei uns keine Nahrung finden.

★

Ich habe gehört,
daß du dir eine andere Wohnung suchst,
weil Frau Zimmer die Miete erhöht,
obwohl der Zustand der Wohnung,
die seit 20 Jahren nicht mehr renoviert wurde,
eine solche Erhöhung nicht rechtfertigt.

ARBEITSAUFTRAG

1. Führe die Übungen in der „vorprogrammierten" Weise aus.
2. Verändere die Beispiele durch Umstellung der Teilsätze: Wir gehen heute schwimmen, wenn ...

1. Lies die „Schachtel-" und „Treppensätze" laut.
2. Löse die Satzschachteln und Satztreppen auf, indem du die Satzungetüme in verständliche und „lesbare" Einzel- und Gesamtsätze zerschlägst.

Lebenswichtige Mineralien

Der menschliche Körper — ein kleines Bergwerk?? Sicher ein etwas ungewöhnlicher Vergleich! Und doch:

1 Rund 3,5 Kilogramm Mineralien und Salze könnte man aus diesem „Bergwerk“ gewinnen, aber alle erfüllen sie einen lebenswichtigen Zweck, darum müssen sie ständig ergänzt werden.

2 Wir wissen noch lange nicht alles über die Mineralien in unserem Körper, aber eine ganze Reihe von Tatsachen ist uns schon bekannt.

KUPFER

3 hält unsere Adern elastisch, außerdem stärkt es das Bindegewebe, und das Gehirn wird erst durch Kupfer „betriebsfähig“.

4 Unser Körper ist bescheiden, und so gibt er sich mit weniger als zwei Gramm zufrieden.

NATRIUM

7 sorgt im Körper für die notwendige Feuchtigkeit und ermöglicht alle „elektrischen“ Vorgänge.
Im Körper ist verhältnismäßig viel Natrium vorhanden: 150 Gramm.

EISEN

5 versorgt den Körper mit Sauerstoff, fördert das Denken, stärkt die Muskeln.
5,5 Gramm Eisen reichen vollkommen aus.

MAGNESIUM

8 stärkt die Nerven, beugt dem Herzinfarkt vor, fördert den Stoffwechsel, verhindert Depressionen.
(25 Gramm.)

ZINK

6 beugt nicht nur Hautkrankheiten vor, sondern ermöglicht auch körperliche und geistige Höchstleistungen.
Wir benötigen zwei Gramm.

PHOSPHOR

9 stärkt die Knochen, und er ist für geistige Leistungen unentbehrlich.

INFO 9: Satzreihe

1. Wenn mehrere TEILSÄTZE miteinander verknüpft werden, entsteht ein ZUSAMMENGESETZTER SATZ.
2. Je nach Art der Verbindung lassen sich zwei verschiedene Satzformen unterscheiden:
   - Die Satzreihung (Satzreihe)
   - die Satzfügung (Satzgefüge)
3. In der SATZREIHE sind Einzelsätze durch beiordnende Fügewörter miteinander verbunden. (Vergleiche Textbeispiele 1, 2, 3, 4, 6, 9 — siehe auch Wortliste!)
4. Ein Sonderfall der Satzreihung ist die SATZZUSAMMENFASSUNG oder Satzzusammenziehung: Es sind verbundene Sätze mit gemeinsamen Satzgliedern. (Vergleiche Textbeispiele 5, 7, 8!)

Beiordnende Fügewörter

Ich wäre gekommen, aber du ...

Erst lehnte ich seinen Vorschlag ab, dann ... ich ...

Er hat nicht mit mir gesprochen, ja er ...

Lange hat die Polizei vergeblich gefahndet, dann ... sie ...

Entweder rufe ich dich an, oder ich ...

Ich würde dir gerne helfen, nur ich ...

Morgen habe ich frei, dann ...

Der Ausflug muß ausfallen, denn ...

Es regnet, trotzdem ...

Du bist schlecht gelaunt, demnach ...

Wir haben eine Elfmeter verschossen, deshalb ...

Sag mir die Wahrheit, sonst ...

Das stimmt alles nicht, also ...

Einerseits muß ich dir rechtgeben, andererseits ...

Heute habe ich frei, aber ...

Er hat nicht mit mir gesprochen,
ja *er hat* nicht einmal gegrüßt!

ARBEITSAUFTRAG

1. Lies die Informationen über den menschlichen Körper.
2. Unterscheide bei den lockeren Satzverknüpfungen zwischen Satzreihen und Satzzusammenfassungen.
3. Überlege, welche Rolle die markierten Fügewörter bei der „Sinnsteuerung“ der Aussagen spielen.

1. Ergänze die angefangenen Satzreihen mit Hilfe der markierten „Sinnsteuerungs-Wörtchen“.
2. Finde weitere Satzreihen, in denen die Fügewörter aus Textblock und Übungsspalte den Sinn der Aussagen steuern.

Das Pferd – ein Helfer des Menschen

1 Für den jagenden Menschen der Urzeit war das Pferd nur seines Fleisches wegen interessant.
2 Erst vor 5000 Jahren entdeckten die Menschen in Nordpersien, daß sich das Pferd als Haustier halten ließ.
3 Damals wurden die Menschen seßhaft, und sie bauten Dörfer und Städte. Sie brauchten Pferde, um Holz und anderes Baumaterial für ihre Häuser zu befördern.
4 Sie spannten die Pferde auch vor den Pflug und fuhren mit ihnen die Ernte ein.
5 Pferde halfen beim Handel, sie machten das Reisen über weite Strecken möglich, sie zogen Menschen und Waren auf einfachen Karren von Ort zu Ort.
6 Erst während der letzten Jahrzehnte wurden die Zugpferde allmählich von der Straße verdrängt und durch das Auto „ersetzt".
7 Auch auf Bauernhöfen sind Pferde selten geworden, weil der Traktor längst ihre Arbeit verrichtet.
8 Nur an steilen Hängen und auf tiefgründigen Waldwegen, wo die schweren Maschinen nicht mehr weiterkommen, ist man nach wie vor auf die Hilfe der kräftigen Kaltblutpferde angewiesen, denn sie können ein Gewicht von fünf Tonnen ziehen.

Untergeordnete Fügewörter

Zeit
baden, solange ...
eintreten, nachdem ...
denken, bevor ...
überlegen, bis ...
ankommen, ehe ...
anrufen, sobald ...
schreiben, wenn ...

Ort
gehen, wohin ...
kommen, woher ...
münden, wo ...
wissen, wo ...
fliegen, wohin ...

Art und Weise
arbeiten, wie ...
grüßen, indem ...
helfen, sofern ...
stürzen, so daß ...
so tun, als ob ...
angeben, als ...

Grund
weggehen, weil ...
beeilen, damit ...
kommen, wenn ...
wandern, obwohl ...
rufen, falls ...
mitkommen, da ...
zustimmen, obgleich ...
ablehnen, zumal ...

Zeit:
Unser Gast ist bei uns eingetroffen, [ehe] sein Telegramm da war.

Grund:
Diese Übungen sind notwendig, [wenn] Grammatix [auch] motzt.

INFO 10: Satzfügung

1. Ein SATZGEFÜGE besteht als GESAMTSATZ aus RUMPFSATZ und GLIEDSATZ. Der Gliedsatz ist dem Rumpfsatz untergeordnet. Beide Sätze sind durch unterordnende Fügewörter miteinander verbunden. (Siehe Wortleiste!)
2. SATZREIHEN und SATZGEFÜGE können auch ohne Fügewörter auftreten als unverbundene Reihung oder unverbundene Fügung. (Vergleiche hierzu Satz 6: Pferde halfen beim Handel, sie ... usw.)
3. Durch Verknüpfung von Satzreihe und Satzgefüge lassen sich größere Satzformen bilden. (Vergleiche hierzu Satz 9: Nur an steilen Hängen ... usw.)
4. Gereihte und gefügte, verbundene oder unverbundene Satzformen leisten Unterschiedliches im Textzusammenhang:
   - Die Hektik des Geschehens wird *unverbunden* „gerafft": „Alles rennet, rettet, flüchtet, taghell ist die Nacht gelichtet ..." (Schiller).
   - Das Auf und Ab der Wellenbewegung wird *verbunden* „gedehnt": „... und es wallet und siedet und brauset und zischt ..." (Schiller).

1 Vergleiche hierzu die Sätze 2, 4, 8!

ARBEITSAUFTRAG

1. Lies den Informationstext über das Pferd als Helfer des Menschen.
2. Liste die Sätze auf: in Einzelsätze und Gesamtsätze – in Satzzusammenfassungen – Satzreihen – Satzgefüge.

1. Bilde aus den angegebenen „Gelenkstellen" Satzfügungen.
2. Stelle die gefundenen Beispielsätze um: Heute wollen wir baden, solange ... Solange die Sonne scheint, wollen wir ...

Schaltspiel 1

SATZREIHEN

1 Werner mußte nach Hause gehen. 2 Ich kann nicht mitkommen. 3 Die Polizeistreife stoppte den Autofahrer. 4 Er fuhr mit überhöhter Geschwindigkeit. 5 Ich fühle mich nicht wohl. 6 Es war schon sehr spät.	denn A
7 Der Autofahrer sah den Fußgänger noch. 8 Ich wollte dir ja helfen. 9 Es geht mir schon viel besser. 10 Ich muß noch im Krankenhaus bleiben. 11 Du hast nicht gewollt. 12 Er konnte nicht mehr rechtzeitig bremsen.	aber B
13 Die Urlauber fahren in die Berge. 14 Kannst du mitkommen? 15 Sollen wir ins Kino gehen? 16 Hast du was anderes vor? 17 Hast du keine Zeit? 18 Sie verbringen die Ferien am Meer.	oder C
19 Der Schüler bekam eine schlechte Note. 20 Gestern war Zeugniskonferenz. 21 Der Pkw-Fahrer kam von der Fahrbahn ab. 22 Er rammte einen Laternenmast. 23 Nächste Woche bekommen wir Ferien. 24 Er erhielt noch einen Tadel.	und D

SCHALTPLAN

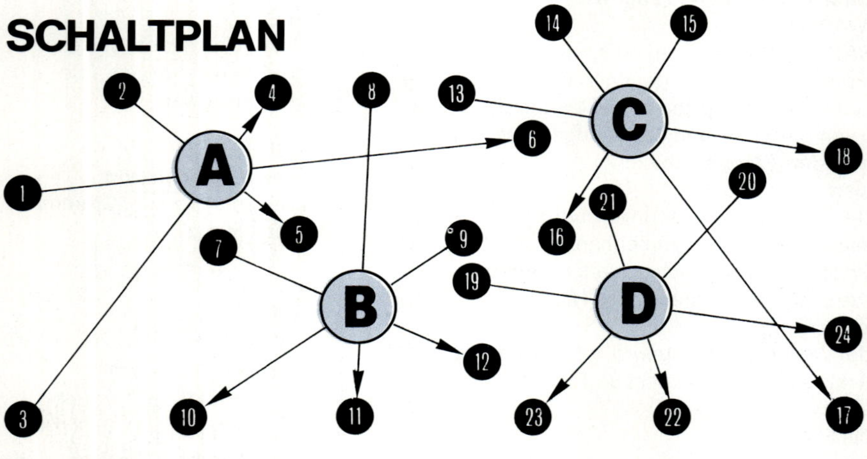

Schüttelreime – Wortreihe –

1.
Zwar ist mein Auto keine Klasse,
.... reicht's für meine kleine Kasse.

2.
Ich freue mich auf morgen sehr:
.... hab ich keine Sorgen mehr.

3.
Ich lauf schnell in den Birkenwald,
.... die Tabletten wirken bald.

4.
In seinem Liegestuhl der Weise ruht
.... schert sich nicht um andrer Leute Reisewut.

5.
Der Herr bei seinem Hunde weilt
.... wartet, bis die Wunde heilt.

6.
Zwei Glatzköpfe gingen zu Frisören
.... klagten beide, daß sie frören.

doch denn und und und dann

ARBEITSAUFTRAG

1. Lies die durcheinandergemischten Einzelsätze.
2. Bilde Satzreihen mit den entsprechenden Fügewörtern nach dem beigefügten Schaltplan.
   Beispiel: 1→A→6: Werner mußte nach Hause gehen, denn es war schon sehr spät.

1. Lies die lustigen Schüttelreime.
2. Setz die fehlenden beiordnenden Fügewörter ein.
3. Schreibe die Schüttelreime als Zweizeiler auf.

Schaltspiel 2

SATZGEFÜGE

1 Der Blitz schlug ein. 2 Ich bin eingeschlafen. 3 Der Trainer war mit der Leistung zufrieden. 4 Wir haben nur unentschieden gespielt. 5 Der Film soll spannend gewesen sein. 6 Es hat nicht gezündet.	ob-wohl **A**
7 Der Gast trat ein. 8 Der Bus fuhr ab. 9 Der Rennfahrer startete wieder. 10 Sein Wagen war aufgetankt worden. 11 Der letzte Fahrgast war eingestiegen. 12 Er hatte an die Tür geklopft.	nach-dem **B**
13 Der Japaner grüßte den Fremden. 14 Der Cowboy schwang sich auf sein Pferd. 15 Der Fremde kam auf uns zu. 16 Er winkte eifrig. 17 Er stieß einen heftigen Fluch aus. 18 Er verneigte sich höflich.	in-dem **C**
19 Die Grammatikstunde fällt heute aus. 20 Die Nationalmannschaft wurde von Tausenden jubelnd empfangen. 21 Ich mache jetzt Schluß. 22 Ich habe keine Lust mehr. 23 Sie war Weltmeister geworden. 24 Unser Deutschlehrer ist krank.	weil **D**

SCHALTPLAN

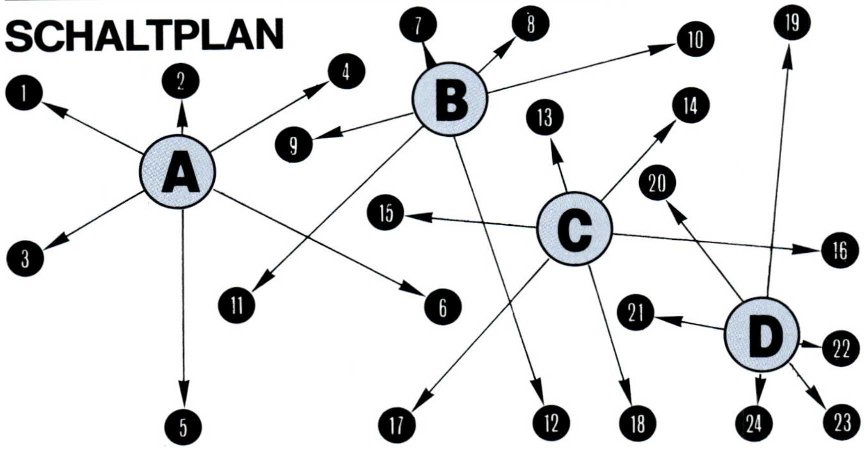

Schüttelreime – Satzgefüge –

1.
Es klapperten die Klapperschlangen,
.... ihre Klappern schlapper klangen.

2.
Ein Habenichts zum Teiche rannte,
.... ihn enterbt die reiche Tante.

3.
Den Narren packt die Reisewut,
.... im Bett der Weise ruht.

4.
Ich kaufe euch ein Seidenkleid,
.... ihr so hübsch bescheiden seid.

5.
Die Nachtigall im Flieder niest,
.... kalter Regen niederfließt.

6.
Die Adelheid will nichts vom Baden wissen,
.... sie die Krebse in die Waden bissen.

seit · bis · wenn · weil · indes · weil

ARBEITSAUFTRAG

1. Bilde Satzgefüge mit den entsprechenden Fügewörtern nach dem beigefügten Schaltplan. Lies die Sätze in beiden Richtungen: 1↔A↔6: Der Blitz schlug ein, obwohl es nicht gezündet hat. Obwohl es nicht gezündet hat, schlug der Blitz ein.

1. Lies die lustigen Schüttelreime, indem du die fehlenden unterordnenden Fügewörter einsetzt.
2. Versuche, ob du die Satzgefüge auch „umdrehen" kannst.
3. Präge dir einige gute Schüttelreime ein.

Der Dompfaff oder Gimpel

1. Am Futterhäuschen / wirkt / der Dompfaff / oft / wie ein tropischer Exote .
2. Das Rot seiner Unterseite / hebt sich / prächtig / von Eis und Schnee / ab .
3. Sein Rücken / ist / blaugrün .
4. Der Pürzel / ist / weiß.
5. Schwanz und Flügelspitzen / sind / schwarz.
6. Den Kopf / scheint / ein schwarzes Käppi / zu zieren .
7. Das Weibchen / wirkt / weniger farbenprächtig.
8. Vom Futtertisch pickt / sich der Dompfaff / Samenkörner und die Kerne der Beeren.
9. Auch bei Schnee und Eis / ist / der sperlingsgroße Vogel / munter.
10. Ihm / scheint / auch / die größte Kälte / nichts / auszumachen.
11. Sein Ruf / klingt / fast klagend.
12. Er / ruft / damit / die geselligen Artgenossen / herbei.
13. Oft / sind / auch / Zuzügler aus dem Norden / darunter.
14. Ende April / beginnt / das Weibchen / mit der Brut.
15. Das Nest / wird / außen / mit dürren Fichten- und Birkenreisern / umkleidet .
16. Es / befindet sich / meist / in mittlerer Höhe eines Busches oder Baumes.
17. Das Weibchen / brütet / die 4 bis 5 Eier / allein / aus .
18. Das Männchen / trägt / unterdessen / die Nahrung / herbei .

INFO 11: sprachliche Satzgliederung

1. Der Satz als gegliederte Spracheinheit stellt einen grammatischen Ordnungszusammenhang dar.
2. Durch die sogenannte UMSTELLPROBE (oder Verschiebeprobe) kann diese Ordnung sichtbar gemacht werden. (Vergleiche hierzu Seite 25!)
3. Die 3 unmittelbaren Satzglieder, die nach diesem Untersuchungsverfahren gefunden werden können, heißen:
   - SATZKERN wirkt
   - SATZGRÖSSE am Futterhäuschen / der Dompfaff / wie ein tropischer Exote
   - SATZANGABE oft
4. Das Deutsche kennt keine starre Reihenfolge der Satzglieder.
5. Den einzelnen Satzgliedern werden durch ihre Stellung im Satzverband besondere Rollen zugewiesen. Die Bestimmung nach „Rollen im Satz" ist e i n e Betrachtungsweise der Satzgliederung: die sprachlich-funktionale Satzgliedlehre. Daneben gibt es auch noch die inhaltliche Bestimmung: gedanklich-logische Satzgliedlehre (Vergleiche Seite 33!)
6. Den Satzgrößen und Satzangaben können mittelbare Satzglieder beigefügt sein: sie sind abhängige nähere Bestimmungen der unmittelbaren Satzglieder.
   Beispiele: ein tropischer Exote , das Rot seiner Unterseite .

Unmittelbare und mittelbare Satzglieder

1. Unsere Mannschaft errang unangefochten den verdienten Sieg.

2. Wir sprachen oft über die schöne Zeit bei euch .

3. Mein kranker Vater bedarf dringend der Hilfe eines Arztes .

4. Peter schenkte seinem Freund Frank zum Geburtstag ein Flugzeugmodell .

5. Die Fahrt durch Berlin war für alle sehr interessant .

6. Wir fuhren gestern mit dem Bus durch Berlin .

7. Mit Rucksack und Wimpel sind auch heute noch viele Wandervögel unterwegs .

8. Viele Köche verderben den Brei .

9. Alle Schüler der Klasse 10 a kehrten wohlbehalten von ihrer 14tägigen Englandfahrt zurück .

10. So konnte ich zwei Fliegen mit einer Klappe schlagen .

ARBEITSAUFTRAG

1. Im Text ist der grammatische Ordnungszusammenhang der Sätze sichtbar gemacht.
2. Ändere die Reihenfolge der Satzglieder: Am Futterhäuschen wirkt der Dompfaff . . . Der Dompfaff wirkt am Futterhäuschen . . . Oft wirkt der Dompfaff . . . Wie ein tropischer Exote wirkt der Dompfaff . . .

1. In den Beispielsätzen der Übungsspalte sind die Satzkerne und die unmittelbaren Satzglieder gekennzeichnet.
2. Spielt beim Lesen der Sätze alle Umstellmöglichkeiten durch.
3. Markiert wie in den Beispielen 1 und 2 die mittelbaren Satzglieder.

Umstellproben

A.

Die Kundin	kaufte	einen Mantel.
Ein Bauer	arbeitet	auf dem Feld.
Der Fuchs	begegnete	dem Wolf.

Der Angler	stand	am Ufer des Sees.
Auf jeden Fall	kommen	wir.
Der Zug	fährt	um 14.15 Uhr.

Baupläne: 1 | ▒ | 2 → 2 | ▒ | 1

B.

Die Kundin	kaufte	nach langem Zögern	einen Mantel.
Der Bauer	arbeitet	seit dem frühen Morgen	auf dem Feld.
Der Angler	stand	während des Gewitters	am Ufer des Sees.
Auf jeden Fall	kommen	wir	mit dem nächsten Zug.

Baupläne: 1 | ▒ | 2 | 3 — 2 | ▒ | 1 | 3 — 3 | ▒ | 1 | 2

C.

Die Kundin	kaufte	in dem Textilgeschäft	nach langem Zögern	einen Mantel.
Der Bauer	arbeitet	seit dem frühen Morgen	mit dem Traktor	auf dem Feld.
Der Angler	stand	während des Gewitters	geduldig	am Ufer des Sees.
Auf jeden Fall	kommen	wir	noch heute	mit dem nächsten Zug.

Baupläne:

1 | ▒ | 2 | 3 | 4 — 3 | ▒ | 1 | 2 | 4
2 | ▒ | 1 | 3 | 4 — 4 | ▒ | 1 | 3 | 2
2 | ▒ | 3 | 1 | 4 — 4 | ▒ | 2 | 3 | 1

D.

Trotz dichten Nebels | fuhr | der leichtsinnige Pkw-Fahrer | in der Nacht zum Sonntag | mit überhöhter Geschwindigkeit | durch eine gefährliche Linkskurve.

E.

Trotz eindringlicher Warnung | an einem heißen Julitag | bestiegen | ohne die notwendige Ausrüstung | leichtsinnigerweise | die unerfahrenen Urlauber | den schroffen Gipfel.

Baupläne: ? ? ?

Satzfabrik

1.
bieten

der Urwald
für den Menschen
trotz *üppiger* Pflanzenwelt
keine günstigen Lebensbedingungen

2.
fallen

durch das dichte Blätterdach *der Kronen*
nur wenige Sonnenstrahlen
im allgemeinen

3.
stehen

am Waldboden
die feuchtwarme Luft
wie in einem Treibhaus
ständig

4.
verfaulen

herabfallende Früchte
schnell
am Boden

5.
geben

es
nur wenige
jagdbare Tiere
im Urwald

6.
sein

Millionen von Insekten
eine Plage
für den Menschen

ARBEITSAUFTRAG

1. In den Übungen A bis E sind Beispielsätze zusammengestellt mit markierten und numerierten Angaben und Größen.
2. Die beigefügten „Baupläne" zeigen dir, wie du die Sätze „umbauen" kannst.
3. Welche „Satzkonstruktionen" findest du weniger „gelungen"?

1. In der Übungsspalte sind die „Bauelemente" von Sätzen zusammengestellt.
2. Lies sie im Zusammenhang und baue um den Satzkern herum grammatisch richtige Sätze.
3. Markiere die mittelbaren Satzglieder.

Mensch und Hund

1. Es gibt kein Tier, das sich dem Menschen so eng angeschlossen hat wie der Hund.
2. Die Freundschaft zwischen Mensch und Hund bewährte sich in Tausenden von Jahren.
3. Viele Hunde sind dem Menschen aber mehr als anhängliche Gefährten.
4. Dank ihrer Gelehrigkeit können sie zu vielen Aufgaben herangezogen werden.
5. Hirtenhunde umrunden die Herden und halten die Tiere zusammen.
6. Sie treiben sie in Gatter und sondern auf Befehl ihres Herrn einzelne Tiere von der Herde ab.
7. Verschiedene Hunderassen sind auf die Jagd spezialisiert.
8. Sie spüren das Wild auf.
9. Die Menschen im hohen Norden sind auf die zähen Schlittenhunde angewiesen.
10. Moderne Schneefahrzeuge werden diese nie ganz ersetzen können.
11. Im Einsatz auf dem Lawinenfeld ist der Hund nach wie vor der wichtigste Helfer des Menschen.
12. Auch bei Erdbeben setzt man mit Erfolg Spürhunde ein, die unermüdlich die Trümmer nach Überlebenden absuchen.
13. Als verständigen Hausgenossen lieben die Kinder den Hund.
14. In der Nacht der Blindheit ist der Blindenhund seinem Besitzer unentbehrlicher Helfer und zuverlässiger Freund zugleich.

INFO 12: Satzkern

1. Die Satzkerne sind die Verbalglieder der Satzkette: ihre Träger sind Verben.
2. Der Form nach sind Satzkerne kojugierte, personbestimmte Satzglieder; dem Inhalt nach sind sie aussagende Satzglieder. (Siehe vorgangs- und zustandsschilderndes Aussagewort. Bd. I, Seite 43.)
3. Im Einzelsatz als Aussagesatz nimmt der einteilige Satzkern eine feste Zweitstellung in der Satzgliederfolge ein und bildet so die Achse des Satzes. (Vergleiche hierzu Beispielsätze 2, 3.) 1
4. Mehrteilige Satzkerne verteilen sich auf Zweit- und Endstellung und bilden so den Satzrahmen. Diese Eigenart des deutschen Satzbaus nennt man auch „Verklammerung des Satzes“. (Vergleiche hierzu die Beispielsätze 4, 5, 6, 7 . . . .)
5. Die Satzzusammenfassung und der Gesamtsatz besitzen mindestens zwei Satzkerne. Im Gliedsatz nimmt der Satzkern immer die Endstellung ein: Zusammen mit dem einleitenden Fügewort bildet er den Rahmen des Gliedsatzes, die Satzverklammerung. (Vergleiche hierzu Beispielsatz 12.)

---

1 Wenn der Satzkern an die erste Stelle rückt, entsteht entweder eine Satzfrage oder ein Aufforderungssatz.

Satzkernspaltung oder Satzklammer

1. Fall: Verbzusatz

hole . . . ab
gehe . . . weg
kommst . . . heim
lachst . . . aus
zündet . . . an
zieht . . . um
fahren . . . ab
kommen . . . an
läuft . . . vor
gibt . . . auf

2. Fall: Modalverben

will . . . helfen
sollst . . . schreiben
kann . . . sprechen
möchten . . . verreisen
dürft . . . aufhören
muß . . . schließen

3. Fall: Tempusformen

hat . . . gearbeitet
bin . . . gewesen
hatte . . . gelacht
war . . . eingeschlafen
wird . . . gewesen sein
wird . . . gehabt haben
werde . . . kommen
wirst . . . fahren
wird . . . bleiben
werden . . . schreiben
werdet . . . antworten
werden . . . anrufen

4. Fall: Passiv

werde . . . getroffen
bin . . . gelobt worden
wurdest . . . beobachtet
warst . . . gesehen worden
wird . . . tapeziert werden
wird . . . gepflügt worden sein

ARBEITSAUFTRAG

1. Lies den Text für Hundefreunde.
2. Untersuche alle Sätze, wie an den Sätzen 2, 4 und 12 gezeigt.
3. Wende an einigen Beispielsätzen die Umstellprobe an.

---

1. In der Trainingsspalte sind die Satzkerne in die beiden Klammerteile gespalten.
2. Fülle diese vorgegebenen Satzrahmen mit einfachen Bauelementen aus: Achte auf die Personform des Verbs: Ich hole *den Koffer ab.* — *Die Feriengäste fahren morgen* ab.

Verklammerte Aussagesätze

A. Die „MODALVERBKLAMMER“

Hoffentlich	können	alle Schüler	dieses Aufgabe	lösen!
Wir	können	?	?	kommen.
Viele Leute	müssen	?	?	arbeiten.
?	?	?	an der Ampel	halten.
Die Arbeiter	dürfen	in den Werkhallen	auf keinen Fall	rauchen.
?	dürfen	?	?	abschreiben.
?	soll	?	?	aufpassen.
?	mag	?	?	essen.
?	will	?	?	aufhören!

*

B. Die „HILFSVERBKLAMMER“

Grammatix	hat	die Satzkernspaltung	seinen Freunden	erklärt.
?	habe	?	?	gemacht.
?	ist	?	?	gelaufen.
?	war	?	?	gesprungen.
?	werden	?	?	kommen.
?	wirst	?	?	gehen.
?	werde	?	?	versetzt.
?	wird	?	?	bestraft.

*

C. Die VERBZUSATZKLAMMER“

Ich	fahre	nächste Woche	mit meinen Eltern	weg.
?	hole	?	?	ab.
?	kam	?	?	an.
?	geben	?	?	auf.
?	fiel	?	?	um.
?	sagte	?	?	zu.
?	sieht	?	?	nach.
?	liest	?	?	vor.
?	schaut	?	?	zurück.

Verklammerte Fragesätze

Können ... lösen?

Können ... kommen?

Müssen ... arbeiten?

Müssen ... halten?

Dürfen ... rauchen?

Dürfen ... schreiben?

Soll ... aufpassen?

Mag ... essen?

Will ... aufhören?

Hat ... erklärt?

Habe ... gemacht?

Ist ... gelaufen?

War ... gesprungen?

Werden ... kommen?

Wirst ... gehen?

Werde ... versetzt?

Wird ... bestraft?

Verklammerte Aufforderungssätze

Fahr ... weg!

Hol ... ab!

Komm ... an!

Gib ... auf!

Fall ... um!

Sag ... zu!

Sieh ... nach!

Lies ... vor!

Schau ... zurück!

ARBEITSAUFTRAG

1. Fülle die Satzklammern sinnvoll aus.
2. Schreibe Übung A in der Perfektform: Hoffentlich haben alle Schüler diese Aufgabe lösen können. Schreibe Übung C in der Futurform: Ich werde nächste Woche mit meinen Eltern wegfahren.

1. Fülle die Satzrahmen in der Übungsspalte sinnvoll aus.
2. Notiere deine Satzbeispiele und übermale die Klammerteile.

Verklammerung im Satzgefüge: Satzachse im Rumpfsatz-Satzrahmen im Gliedsatz

Die Wandergruppe war sich auch nach langer Beratung nicht klargeworden, welche Route sie beim Abstieg einschlagen sollte.

*

Unsere Freunde sagten uns bei der Ankunft, daß die Bergwanderung wegen schlechten Wetters ausfällt .

*

Der Fremde kam zu uns ins Zimmer, nachdem er an die Tür geklopft hatte.

*

Die Wanderer erreichten erst gegen Abend den Berghof, weil sie sich in dem Waldgebiet verlaufen hatten.

*

Wir mieten uns im Nachbarort eine Ferienwohnung, wenn wir im Gasthof zum Lamm kein Zimmer bekommen.

*

Wir hatten 14 Tage lang das schönste Urlaubswetter, als wir im vergangenen Jahr hier waren.

*

Mein Bruder fuhr mit einer Jugendgruppe in die Ferien, während ich meinen Urlaub bei den Großeltern verbringe.

Lange Autoschlangen bilden sich regelmäßig auf Fernstraßen, wenn in Nordrhein-Westfalen die großen Ferien beginnen.

*

Österreich bleibt das beliebteste Urlaubsland, obwohl Millionen Deutsche vom heißen Süden schwärmen.

*

Schüler übernachten preiswert in Jugendherbergen, wenn sie einen Jugendherbergsausweis besitzen.

*

Stadtkinder lieben Ferien auf dem Bauernhof, weil sie dem Bauern bei der Arbeit helfen dürfen.

*

Viele Erholungssuchende bleiben im Sommer zu Hause, weil sie sich einen teuren Urlaub nicht leisten können.

*

Die Reisebüros entdecken die fernsten Urlaubsländer, um attraktive Ferienziele anbieten zu können.

*

Schiurlauber klagen häufig über die langen Wartezeiten, die sie an überfüllten Liftstationen verbringen müssen.

Von der Achse zum Rahmen

Hans wünscht sich ein Fahrrad.

Ich höre, daß Hans sich ein Fahrrad wünscht .

Fritz kommt morgen.
Rita geht nach Hause.
Werner schreibt einen Brief.
Heinz reicht das Holz herüber.
Anne fährt nach Berlin.
Helge malt ein schönes Bild.
Jan segelt über den See.
Betty liest die Zeitung.
Er wandert durch die Heide.
Sie reist mit dem Zug.
Es regnet ununterbrochen.
Sie fliegen mit der Lufthansa.
Ich bleibe zu Hause.
Du verdienst zu wenig.
Das Wetter ist sehr angenehm.
Der Balkon wird abgerissen.
Das Flugzeug landet pünktlich.
Die Wolken bringen viel Regen.
Das Pferd ist ein nützliches Tier.
Diese Sätze sind sehr kurz.
Diese Übung gefällt mir.
Das Spiel wird abgebrochen.
Der Ball war im Tor.
Der Autofahrer fuhr zu schnell.
Hans hat richtig gehandelt.
Der Wind hat sich gelegt.
Die Ferien haben begonnen.
Sport ist die schönste Nebensache der Welt.
Geld allein macht nicht glücklich.
Den Letzten beißen die Hunde.
Das baufällige Haus muß abgerissen werden.
Die Ferien sind viel zu kurz.

ARBEITSAUFTRAG

1. Kennzeichne im Rumpfsatz die Achsenstellung (Zweitstelle) des Verbs und seine Rahmenstellung (Endstelle) im Gliedsatz.
2. Stelle die beiden Teilsätze um und beachte die Verschiebung des Verbs im Rumpfsatz: Daß die Bergwanderung ausfällt, *sagten* sie . . .

1. Bilde aus den kurzen Einzelsätzen kurze Gesamtsätze mit *daß*. Verwende folgende Verben: sagen, daß . . . — erklären — behaupten — feststellen — schreiben — sehen — erkennen usw.
2. Kennzeichne die Satzklammer in den Daß-Gliedsätzen nach dem Muster.

Das Super-fahrrad

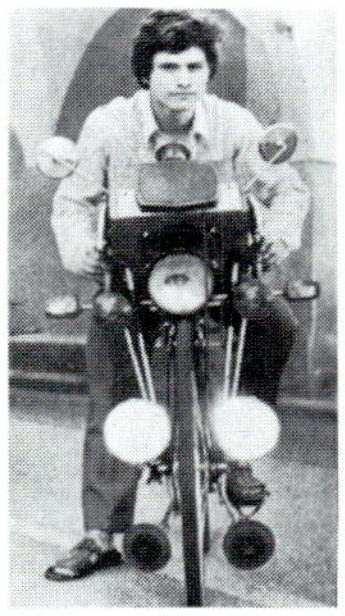

1. EinachtzehnjährigerBurscheausRavensburginderNähedesBodensees besitzt daswohlungewöhnlichsteFahrradDeutschlands.
2. Mitseiner25-Gang-Schaltung schafft seinstolzerBesitzer jedeSteigung aufseinem52KilogrammschwerenStahlroß.
3. DiesesSuperdingvonFahrrad ist mitHalogenscheinwerfernundBlinkern ausgestattet.
4. Es ist versehen mitBremsleuchtenundZweiklangfanfare.
5. Außerdem hat derjungeMann seinemDrahtesel einKassettenradioundeineAlarmanlage eingebaut.
6. DieBauteilefürseinSuperfahrrad kaufte derfindigeElektriker füreinpaarMark beimnächstenSchrotthändler.
7. InseinerFreizeit schweißte, feilte undlötete derKonstrukteur zweiJahrelangandemLuxusflitzer.
8. DasfertigeMeisterwerk wurde vonderPolizei überprüft und fürdenStraßenverkehr freigegeben.
9. Nun radelt seinstolzerBesitzer mitdemseltsamenVehikel überLand.
10. Dabei läßt sich derAchtzehnjährige dieVorfahrt keineswegs vonüberheblichenAutofahrern streitigmachen.

INFO 13: Satzgrößen

1. Die Satzgrößen sind die Nominalglieder der Satzkette; ihre Träger sind Nomen, Adnomen und Pronomen.
2. Der Form nach sind Satzgrößen deklinierte (= fallbestimmte) Satzglieder; dem Inhalt nach sind sie benennende Satzglieder. (Siehe Nennwort, Beiwort, Fürwort, S. 16, 58 bzw. 66, Bd. I.)
3. Die funktionale Satzgliedbestimmung unterscheidet verschiedene Arten von Größen:
   - Grundgröße und Gleichgröße
   - Zielgröße, Zuwendgröße und Anteilgröße
   - Beziehungsgröße und Lagegröße.
4. Satzgrößen besitzen als unmittelbare Satzglieder eine freie, verschiebbare Stellung in der Satzgliederfolge. (Vergleiche: Umstellprobe!)
5. Mittelbare Satzglieder sind an die Satzgrößen gebunden: sie stellen entweder adnominale ZUGABEN (sein *stolzer* Besitzer) oder nominale ZUGABEN (der Bursche *aus Ravensburg,* der Besitzer *des Fahrrads)* sowie adverbale ZUGABEN (das Haus *nebenan)* dar.

Beziehungsgrößen

mit Ungeduld
in Erwartung
auf Anfrage
aus Eifersucht
bei Bewußtsein
unter Drogeneinfluß
über die Maßen
angesichts des Todes

✷

im Wald
auf dem Feld
in der Klasse
am Brunnen
unter der Dusche
über dem Wasser
neben der Bank
während der Stunde

✷

in den Wald
auf das Feld
in die Klasse
an den Brunnen
unter die Dusche
über das Wasser
neben die Bank
durch das Zimmer

Lagegrößen

den Nachmittag
die ganze Zeit
das Jahr über
die Woche hindurch
eine Stunde lang
des Nachts
des Weges

Beispiele:
etwas mit Geduld erwarten
in Erwartung leben
den Nachmittag verbringen
des Weges gehen

ARBEITSAUFTRAG

1. Im Fahrradtext sind alle Satzgrößen aneinandergerückt: Zeige durch die Umstellprobe, daß sie frei verschiebbar sind.
2. Vereinfache die „langen" Satzglieder auf ihren Kern. Löse die mittelbaren Satzglieder heraus: **Ein** *achtzehnjähriger* **Bursche** aus Ravensburg in der Nähe des Bodensees.

1. Beziehungs- und Lagegrößen sind direkt vom Verb abhängig. Bilde ihre verbalen Wortketten nach dem Muster.
2. Notiere einige Satzbeispiele: Er *wartete* mit Ungeduld auf das Taxi.

Freie **Satzgrößen** gesucht

A. GRUNDGRÖSSE gesucht!

Beziehungsgröße 1	Beziehungsgröße 2	Satzkern	Grundgröße
mit dem Fahrrad	in die Schule	fahren	wer?
mit dem Düsen-Jet	nach Mallorca	fliegen	wer?
aus dem Regen	in die Traufe	kommen	wer?
von der Erde	auf den Mond	fliegen	wer?

B. ZIELGRÖSSE gesucht!

Grundgröße	Satzkern	Beziehungsgröße	Zielgröße
der Förster	beobachten	vom Hochsitz aus	wen?
der Vorsitzende	begrüßen	zu Beginn der Sitzung	wen?
der Gastgeber	erwarten	mit Ungeduld	wen?
der Schüler	schreiben	mit Begeisterung	wen? was?

C. ZUWENDGRÖSSE gesucht!

Grundgröße	Satzkern	Zuwendgröße	Zielgröße
Angelika	schenken	wem?	was?
die Verkäuferin	bringen	wem?	was?
Frau Singer	borgen	wem?	was?
der Flegel	geben	wem?	was?

D. ANTEILGRÖSSE gesucht!

Grundgröße	Satzkern	Ziel-/Beziehungsgröße	Anteilgröße
der Staatsanwalt	beschuldigen	den Angeklagten	wessen?
die Trauergäste	gedenken	mit herzlicher Teilnahme	wessen?
der Schiedsrichter	verweisen	den unfairen Spieler	wessen?
der Augenzeuge	sich erinnern	mit größter Lebhaftigkeit	wessen?

Verben mit Zielgrößen

beobachten
— er beobachtet den ...
betrachten
bewachen
auslachen
sehen
bestellen
berechnen
beißen
bekommen
benutzen
verdienen
tadeln

Verben mit Zuwendgrößen

antworten
— er antwortet dem ...
danken
begegnen
dienen
folgen
gehören
helfen
raten
weichen
winken
schmeicheln
glauben
befehlen

Verben mit Anteilgrößen

beschuldigen
— er beschuldigte ihn des ...
bedürfen
begehren
entbehren
ermangeln
gedenken
harren
walten
entwöhnen
spotten
...

ARBEITSAUFTRAG

1. Ergänze in den Übungsblöcken A bis D die gesuchten Größen.
2. Bilde aus den „Fertigteilen" ganze Sätze, indem du — nach der Verschiebeprobe — die möglichen Stellungen der Satzglieder erprobst: Heinz fährt mit dem Fahrrad in die Schule.

1. Die verschiedenen Größen sind von bestimmten Verben abhängig.
2. Stelle in Sätzen die Verbindung der Verben (als Satzkern) zu den jeweiligen Satzgrößen her.

Nüchtern zur Schule

Neulich hat man in München eine Umfrage unter Schülern durchgeführt. Es ging um etwas ganz Wichtiges: um das tägliche Frühstück.
Das Ergebnis dieser Umfrage war ernüchternd genug. Und das buchstäblich wörtlich. Denn jedes zweite Münchner Kind (und in anderen Städten und Gegenden ist das ziemlich genauso!) sitzt morgens ohne jegliches Essen oder zumindest nicht genügend satt in der Schulbank. Das ist um so erstaunlicher, wenn man bedenkt, daß gut jeder fünfte aller Zehn- bis Vierzehnjährigen an Übergewicht leidet, also wiederum viel zu viel den ganzen Tag über futtert.
Es kommt daher, daß die Nahrung heute zum Großteil aus Kohlehydraten und Fett – und bei Schülern besonders aus einer Übermenge von Süßigkeiten besteht. Meist wird auch abends zu reichlich gegessen. Vor dem Schlafengehen aber schlägt jede Mahlzeit leider doppelt an. Viel vernünftiger ist, sich morgens ein dickes Frühstück aufzutischen, am Abend dagegen nur ein paar Happen zu „schnabulieren".

Wie ein solches Frühstück aussehen soll? Ein bis zwei Scheiben Brot mit Butter und Marmelade sollten es mindestens sein. Am besten ist Vollkornbrot; und ein großes Glas Milch oder Kakao gehört auch dazu. Ein Müsli mit Nüssen, Getreidekörnern, Rosinen und vielen anderen Köstlichkeiten eignet sich ebenfalls. Und später, in der großen Pause, schmeckt ein Apfel ganz besonders. Ein Stück Brot mit Wurst, ein paar Gurkenscheiben oder eine gelbe Rübe und wieder ein Glas Milch helfen euch, über die Runden zu kommen.
Jetzt aber die Hauptsache: *Langsam essen!* Sich Zeit lassen! Ein hastig hinuntergewürgtes Brötchen tut dem Magen überhaupt nicht gut. Der Nachteil eines gemütlichen Frühstücks ist allerdings der, daß man fünf Minuten früher aufstehen muß. Und das fällt bekanntlich sehr, sehr schwer!
Aber wie wär's mit einem Versuch? Vielleicht nützt es etwas, wenn man sich am Abend vorher fünf Minuten früher ins Bett legt? Probieren geht über studieren! □

INFO 14: Satzangaben

1. Die Satzangaben sind die Partikelglieder der Satzkette; ihre Träger sind Partikel. (Siehe Lagewort bzw. Adverb, S. 67, Bd. I.)
2. Der Form nach sind Satzangaben unflektierte (= fallfreie) Satzlieder; dem Inhalt nach sind sie art- und umstandsbestimmende Satzglieder.
3. Man unterscheidet geschehenscharakterisierende Artangaben (wie?) und umstandsbestimmende Lageangaben, wie z. B. er kommt *dorther,* er kommt *heute,* er kommt *wahrscheinlich,* er kommt *nicht,* er kommt *deinetwegen* usw.
4. Neben diesen stellungsfreien Angaben (unmittelbares Satzglied!) gibt es als mittelbare Satzglieder auch Angaben, die mit anderen Angaben bzw. adnominalen Zugaben fest verbunden sind: *sehr* wahrscheinlich, *viel* vernünftiger, eine *außerordentlich* wichtige Frage.

Satzangaben

1. Artangaben

schön schreiben
gut essen
schadenfroh ...
freundlich ...
laut ...
gründlich ...
interessiert ...
flink ...
langsam ...
genug ...
zu viel ...
wenig ...
gewissenhaft ...
schnell ...
heftig ...
mürrisch ...
müde ...

2. Lageangaben

dort hingehen
hier bleiben
da ...
drüben ...
dorther ...
dabei bleiben

*

heute kommen
morgen ...
jetzt ...
bald ...
nie ...
immer ...

*

wahrscheinlich ...
vermutlich ...
nicht ...
vielleicht ...
sicherlich ...

*

deinetwegen kommen
meinetwegen ...

*

Die Tür ist *zu*
das Spiel ist *aus*
Grammatik ist *wunderbar*

ARBEITSAUFTRAG

1. Lies den Text mit den „verkehrten" Satzangaben.
2. Ordne sie in einer Tabelle nach Artangaben und Lageangaben.
3. Schreibe die Angaben heraus, die mit anderen Angaben fest verbunden sind: ernüchternd *genug* ...

1. Angaben sind an Verben gebunden: ergänze die fehlenden Verben.
2. Baue die verbalen Wortketten zu Sätzen mit mindestens zwei Größen aus: Diese Übung ist vermutlich mit Schwierigkeiten verbunden.

Freie **Angaben** gesucht

Der Krug geht .... zum Brunnen, bis er bricht.	fleißig
Stille Wasser gründen	so lange
Am Abend wird der Faule	tief
Fische und Gäste werden nach drei Tagen	schwer
Aller Anfang ist	unangenehm

Guter Rat ist	gegenseitig
Irren ist	am längsten
Ehrlich währt	hohl
Leere Fässer klingen	menschlich
Wölfe fressen sich nicht	teuer

Der Fuchs geht nur .... in die Falle.	lange
Wer dir .... droht, macht dich nicht tot.	langsam
Wer's eilig hat, gehe	zweimal
Besser .... fragen, als einmal irregehen.	gesund
Lachen ist	einmal

Gebundene nominale Zugaben

gebundene Anteilgrößen	
der Hut	der Übung
das Dach	einer Schachtel
die Pfeife	der Lampe
der Hund	der Südsee
das Blau	des Himmels
die Sonne	seines Herrn
der Schirm	des Schiedsrichters
der Deckel	des Hauses
das Ende	des Vaters
.....	
.....	

gebundene Beziehungsgrößen	
der Mann	von Grammatik!
das Haus	hinter dem Schreibpult
eine Stadt	über dem Berggipfel
mein Onkel	unter der Brücke
der Mann	auf der Straße
die Gammler	aus Amerika
die Wolke	in Amerika
der Schüler	an der Ecke
viele Grüße	mit der Pfeife
.....	
.....	

Wortliste

1. gebundene adnominale Zugaben

fröhliche Gäste
ein gutes Essen
ein reichliches Mahl
der großzügige Gastgeber
der reichgedeckte Tisch
die erfrischenden Getränke
die schmackhaften Gerichte
das köstliche Dessert
die würzigen Soßen
die pikanten Gewürze
der saftige Braten
die freundliche Bewirtung
gebundene Ochsenschwanzsuppe
gefüllte Paprikaschoten
garnierte Lendchen
gemischte Salate
lieblicher Mosel
köstlicher Burgunder

2. gebundene adverbale Zugaben

das Haus *dort*
der Baum da drüben
der Fluß dort unten
das Mädchen da vorn
der Satz hier
der Mann da
das Flugzeug da oben
der Schwätzer da hinten
das Spiel *damals*
der Sieg gestern
unser Streit neulich
der Ausflug morgen
deine Behauptung kürzlich
der Regen heute morgen
der Anruf eben
in diesem Augenblick jetzt

ARBEITSAUFTRAG

1. Ergänze die fehlenden freien Angaben in den Sprichwörtern.
2. Notiere die „richtiggestellten" Beispiele für gebundene nominale Zugaben (= Attribute) und ergänze diese durch weitere, adnominale Zugaben: der Hut des *stolzen* Vaters ...; der *alte* Hut ...

1. Lies und markiere die gebundenen adnominalen bzw. adverbalen Zugaben.
2. Wandle einige Attributformen in sinnvolle nominale Zugaben um: die Gäste *voller Fröhlichkeit,* das Haus *an der Straße.*

Die Blaumeise

1. Die Blaumeisen gehören zu den beweglichsten und kecksten Gefiederten der heimischen Vogelwelt.	SUBJEKT Wer? Was?
2. Den ganzen Tag über sind sie beschäftigt und rege, fliegen von Baum zu Baum, von Busch zu Busch und klettern pausenlos auf Zweigen und Stämmen umher.	PRÄDIKAT Was tut? Was ist?
3. Wegen ihrer Regsamkeit brauchen sie eine verhältnismäßig große Menge an Nahrung, führen sie ein Leben ununterbrochenen Suchens nach Insekten.	OBJEKT Worauf bezogen?
4. Das Nest wird vom Blaumeisenpaar bald nahe über dem Boden, bald hoch im Wipfel eines Baumes, stets aber in einer Höhle angelegt.	ADVERBIALE Welche Umstände?
5. In ihrem gut entwickelten Gesellschaftstrieb lieben sie nicht nur das Zusammenleben mit Angehörigen der eigenen Art, sondern vereinigen sich auch mit anderen Arten ihrer Familie, selbst mit völlig fremdartigen Vögeln.	ATTRIBUT Was für ein?

INFO 15: «Gedankliche» Satzgliederung

1. Die 5 Satzteile, die im Frageverfahren die »Denkinhalte« der Aussage ermitteln, heißen
   - Subjekt oder Satzgegenstand
   - Prädikat oder Satzaussage
   - Objekt oder Satzergänzung
   - Adverbiale oder Satzumstand
   - Attribut oder Satzbeifügung

2. Das Subjekt benennt die inhaltliche Grundlage des Satzgeschehens: Der Schüler . . .
3. Das Prädikat schildert das Satzgeschehen als Zustand, Vorgang oder Tätigkeit: Der Schüler *studiert* . . .
4. Das Objekt bezeichnet den Bezugspunkt des Satzgeschehens: Der Schüler studiert *die Grammatik* . . .
5. Die Adverbiale bestimmt die näheren Umstände des Satzgeschehens: Der Schüler studiert die Grammatik *noch am Abend.*
6. Das Attribut kennzeichnet ein besonderes Merkmal von Subjekt, Objekt oder Adverbiale: Der *interessierte* Schüler *der Klasse 7* studiert die *spannende* Grammatik noch am Abend *darauf.*

Sprichwörter-Satzteile

Subjekt: Wer oder was?

Der Neid brütet Schwäne aus faulen Enteneiern.

Von einem Ochsen zieht keiner zwei Felle ab.

Ungeschmiertes Rad quietscht.

PRÄDIKAT: Was ist oder tut?

Vom Schweigen schmerzt die Zunge nicht.

Man kann Wasser nicht in einem Sieb davontragen.

In böser Zeit sind Freunde weit.

OBJEKT: Worauf bezogen? (Wen? Wem? Wessen?)

Geduld frißt den Teufel.

Dem Feigen kehrt das Glück den Rücken.

ADVERBIALE: Welche Umstände? (Wann, wo, wie, warum?)

Die Dümmsten sind in aller Welt die Schlimmsten.

Ein guter Tag fängt morgens an.

Den Tauben ist gut predigen.

ATTRIBUT: Was für ein?

Ein sauberes Gesicht braucht kein Wasser.

Gnade ist die Stütze der Gerechtigkeit.

Böses Wort verwundet mehr als scharfes Schwert.

ARBEITSAUFTRAG

1. Lies den Text und frage dich bei jedem Satz, wie er gedanklich ausgefüllt ist.
2. Bestimme auch die nichtmarkierten Satzteile ihrem „Denkinhalt" nach und kennzeichne sie farblich.

1. Im Sprichwort fallen Text und Satz zusammen.
2. Bestimme die gesuchten Satzteile ihrem „Denkinhalt nach" und übermale sie.
3. Mach dir die Notwendigkeit ihrer jetzigen Stellung durch die Umstellprobe klar.

SATZGRAMMATIK — SATZGLIEDER

Subjekte ⇨ stellen die Träger des Satzgeschehens dar.

Wer ... stieg?	... stieg durch das offene Balkonfenster.	er, eine Brise, der Polizist, der Dieb, der betrunkene Fahrer, der Adler, der Bach, der Wolf, der Elefant, der Sturm, ein Blitz, der Donner, sie
... beschädigte?	... beschädigte ein geparktes Fahrzeug und beging Fahrerflucht.	
... brach ein?	... brach in den Stall ein und riß mehrere Schafe.	
... entwurzelte?	... entwurzelte Bäume und deckte Dächer ab.	
... schlug ein?	In den Baum schlug ..... ein und spaltete seinen mächtigen Stamm.	
Was ... ist spannend?	... ist spannend und lehrreich zugleich.	das Buch, nichts, das Heft, das Wetter, das Üben, die Freizeit, es
... hat gespielt?	... hat uns bei unserem diesjährigen Maiausflug einen bösen Streich gespielt.	
... ist?	Für viele Schüler ist ..... ein Plage.	

Prädikate ⇨ drücken das Satzgeschehen selbst aus.

Was wird ausgesagt?	UNSERE GÄSTE ..... pünktlich bei uns	werden, ernannt, werden, aufhalten, erklärt, einfinden, lassen, laufen, warten lassen, sein, ankommen, schießen, eintreffen, werden, geschleudert, spazieren, haben, geworfen, werden
	In diesem Jahr ..... DER FRÜHLING lange auf sich	
	DAS SCHIFF ..... von einem heftigen Sturm gegen die Klippen	
	DAS WANDERN ..... des Müllers Lust!	
	MANCHE SCHÜLER ..... keine rechte Freude an grammatischen Übungen.	
	An der Unfallstelle ..... sich VIELE NEUGIERIGEN	
	DAS JAHR 1979 ..... zum Jahr des Kindes	

Subjekte und Prädikate ⇨ bilden das Grundgerüst eines jeden Satzes.

Satzfabrik

A.

durchs Fenster steigen
aus Rache handeln
vor Wut schnauben
vor Freude weinen
im Schlaf sprechen
durch Schaden klug werden
aus Fehlern lernen
in Jubel ausbrechen

B.

..... säuselt
..... weht
..... bläst
..... braust
..... rast
..... schleicht
..... humpelt
..... hüpft
..... stolziert
..... schreitet
..... hobelt .....
..... schaltet .....
..... beult ..... aus
..... diktiert .....
..... verpackt .....
..... fönt .....
..... tippt .....
..... unterrichtet .....
..... pflügt .....

C.

..... ist Erfinder
..... ist ein Dickhäuter
..... ist ein Zwiebelgewächs
..... ist gefräßig
..... ist anmutig
..... ist furchtsam
..... ist aufregend

ARBEITSAUFTRAG

1. Stell dir konkrete Redesituationen zu den Beispielaussagen vor.
2. Ergänze die fehlenden Ausdrücke für Geschehensträger bzw. Geschehensabläufe, indem du passende Subjekte aus der Nomen-Liste und passende Prädikate aus der Verben-Liste auswählst, einsetzt und die Sätze notierst.

1. Suche zu den verbalen Wortketten (Prädikaten) der Übung A entsprechende Subjekte.
2. Ergänze die Tut-Prädikate unter B und die Ist-Prädikate unter C durch zutreffende Geschehensträger (Subjekte).

Objekte ⇨ sind Grundteile des Satzes: sie ergänzen sinngebend die verbale Aussage, das Prädikat.

A. Genitivobjekt

wessen	
— gedenken sie?	Die Trauergäste gedenken des Verstorbenen.
— bedürfen sie?	Die Drogensüchtigen bedürfen rascher Hilfe.
— waltet er?	Der Richter waltet seines Amtes.
— harrt er?	Der Angeklagte harrt der kommenden Dinge.
— spottet es?	Deine Worte spotten jeder Beschreibung!
— verweisen sie?	Die Ordner verweisen den Störenfried des Saales.

B. Dativobjekt

wem	
— antwortet er?	Der Minister antwortet dem Journalisten auf seine Fragen.
— begegnet sie?	Frau Frisch begegnet auf der Straße ihrer Kollegin.
— danken sie?	Für Ihr Schreiben vom 11. 4. 79 danken wir Ihnen.
— gefällt es?	Den Zuschauern gefällt das schnelle Spiel über die Flügel.
— nützt es?	Das ganze Gerede nützt uns nichts!
— zürnen sie?	Die enttäuschten Zuschauer zürnen dem Schiedsrichter.

C. Akkusativobjekt

wen	
— bejubeln sie?	Die begeisterten Fans bejubeln den Star.
— lobt er?	Der Trainer lobt sie heute alle.
— begrüßt sie?	Die Gastgeberin begrüßt die Gäste an der Haustür.
— beißt er?	Der Hund hat den Briefträger gebissen!
was	
— lobt er?	Der Trainer lobt das gute Zusammenspiel.
— suchst du?	Suchst du das Akkusativobjekt?
— erwarten sie?	Die meisten Menschen erwarten vom Leben zuviel!

D. Präpositionalobjekt

an wen	
— wenden?	In dieser Angelegenheit wende ich mich an dich.
an was	
— denken?	Heidi denkt ständig an die schöne Zeit auf der Alm.
mit wem	
— gehen?	Peter geht mit seinem Bruder zum Arzt.
woran	
— erkennen?	Am vielen Lachen erkennt man die Narren!
usw.	?

Mehrgliedrige Objekte

A.

Akkusativ- und Dativobjekt

seinem Freund ein Buch schenken
dem Kunden die bestellte Ware liefern
dem Gegner das Mittelfeld überlassen
dem Mitspieler den Ball zuwerfen
den Eltern eine Ansichtskarte schreiben
der Freundin sein Leid klagen

B.

Akkusativ- und Genitivobjekt

den Angeklagten des Mordes beschuldigen
den Beamten seiner Ämter entheben
den Schüler eines Besseren belehren.
den Freund des Verrates bezichtigen
die Sekretärin der Spionage überführen
den Baum seiner Blätter berauben

C.

Akkusativ- und Präpositionalobjekt

jemanden von etwas abhalten
jemanden gegen etwas abhärten
etwas für jemanden aufwenden
jemanden um etwas bringen
jemanden zu etwas verleiten
jemanden von etwas befreien

ARBEITSAUFTRAG

1. Die Satzbeispiele aus tatsächlichen oder denkbaren Redesituationen enthalten neben Subjekt und Prädikat notwendige Ergänzungen.
2. Erfrage sie, übermale sie mit Kringeln und unterscheide die Einzel*fälle* durch Farbe.

1. Ergänze die verbalen Wortketten unter A und B durch zutreffende Subjekte.
2. Verfahre mit C ebenso und forme darüberhinaus die allgemeinen Ausdrücke „jemand" und „etwas" in besondere Ergänzungen um: einen *Dieb* vom *Einbruch* abhalten.

Adverbialen ⇨ sind Ausbaustücke des Satzes: sie erweitern sinngebend die verbale Aussage, das Prädikat.

A. Zeitbestimmung = Temporal-Adverbiale

wann — komme ich?	Ich komme wahrscheinlich morgen mittag zu dir.
seit wann — leidet er?	Mein Vater leidet seit Jahren an einer Leberentzündung.
bis wann — dauert es?	Das Spiel dauert bis gegen fünf Uhr.
wie lange — bleibt ihr?	Ihr müßt unbedingt bis zum Wochenende bleiben!
wie oft — schreibst du?	Du schreibst mir doch jeden Tag eine Karte?

B. Ortsbestimmung = Lokal-Adverbiale

wo — bist du?	Ich bin im Sommer in den Bayerischen Alpen gewesen.
woher — kommst du?	Du kommst doch nicht etwa aus dem Schwimmbad?
wohin — fährt sie?	Claudia fährt morgen mit dem Auto nach Österreich.
wie weit — wirft sie?	Die Schülerin wirft den Schlagball 60 m weit!
bei wem — wohnt ihr?	Ihr wohnt vorerst bei uns!

C. Artbestimmung = Modal-Adverbiale

wie — spricht er? — schreibt er?	Der Grammatiklehrer spricht wieder in Rätseln! Er schreibt recht ordentlich.
wieviel — arbeitest du? — hast du?	Ich arbeite ganz bestimmt zuviel! Davon habe ich nie genug!
wie sehr — singt sie? — kämpft ihr?	Sie singt zum Davonlaufen! Ihr kämpft bis zum Umfallen!
woraus — ist es? — besteht es?	Das Kleid ist aus reiner Seide. Das Hochhaus besteht aus Stahl und Glas.

Grundbestimmung = Kausal-Adverbiale

1. Grund:
— aus Eifersucht
— aus Faulheit
— vor lauter Angst
— wegen Übelkeit
— wegen einer starken Erkältung
— aus „Spaß an der Freud“

Das Verbrechen geschah aus Eifersucht.

2. Bedingung:
— bei ruhiger Überlegung
— bei gutem Wetter
— unter diesen Umständen
— unter diesen Bedingungen
— bei größerem Fleiß
— bei Regen

Bei ruhiger Überlegung sieht die Sache schon ganz anders aus!

3. Zweck:
— zur Erholung
— zu einer Unterredung
— zu Gesprächen

Zur Entspannung mache ich Joga-Übungen.

4. Gegengrund:
— trotz des Regens
— ungeachtet der Warnung

5. Mittel oder Werkzeug:
— durch Feuer (zerstört werden)
— mit dem Beil (spalten)

ARBEITSAUFTRAG

1. Die Sätze aus wirklichen oder möglichen Redesituationen enthalten neben Subjekt, Prädikat und Objekt noch weitere Bestimmungen.
2. Erfrage sie, übermale sie mit Kringel und unterscheide die Einzel*bestimmungen* durch Farbe.

1. Überlege, in welchen Situationen diese Bestimmungen des Grundes vorkommen können.
2. Bilde mit Hilfe weiterer Satzteile ganze Sätze. (Siehe Muster!)

Attribute ⇨ sind Zusatzstücke des Satzes.

A. adnominales Attribut

was für ein?	Das schnellste Pferd war bei diesem Rennen der krasse Außenseiter „Feuervogel".
wieviele?	So konnte ich zwei Fliegen mit einer Klappe schlagen!
welcher/e/es?	Der kleinste Läufer siegte in dem spannenden Endlauf.
	Viele Hunde sind auch des schnellsten Hasen Tod.

B. nominales Attribut

wessen?	Das Haus meiner Eltern steht am Ende der Straße.
was für ein?	Der Freund meines Vaters ist bei der freiwilligen Feuerwehr.
welcher/e/es?	Hättest du doch auf den guten Rat deiner Freunde gehört!
	Die Strahlen der Frühlingssonne lockten die Menschen vor die Tore der Stadt.
	Ulrike, eine Schülerin der Klasse 5[1]), gewann den Wettkampf.
	Bonn, eine Stadt am Rhein, ist die Bundeshauptstadt.

C. adverbales Attribut

was für ein?	Das Haus dort muß abgerissen werden.
	Ich meine das Mädchen da.
	Die Aufgabe hier kann ich nicht lesen.
	Über den Fluß da unten führt keine Brücke.

D. präpositionales Attribut

was für ein?	Meine Freude über den Erfolg war groß.
welcher?	Die Angst vor dem Gespenst lähmte seine Schritte.
welche?	Die Apfelbäume im Garten stehen in voller Blüte.
welches?	Das Haus an der Ecke wird neu gestrichen.
	Unsere Fahrt durch Berlin was sehr interessant.
	Ein Mädchen aus Düsseldorf hat den 100-m-Lauf gewonnen.

E. verbales Attribut

was für ein?	Fast jedes Schulkind beherrscht heute die Kunst zu schwimmen.
	Leider hatten wir das Pech zu verlieren.
	Der junge Mann hat die Lust zu tanzen verloren.
	Das Vergnügen zu lesen sollte dir das Fernsehen nicht nehmen!

1) APPOSITION (= Attribut im gleichen Fall wie das Bezugsnomen).

Attribute! Attribute!

im Namen des Gesetzes
im Laufe des Jahres
im Rahmen des Möglichen
im Geiste des Verstorbenen
das Gebot der Stunde
im Auftrag der Firma
die Stunde der Wahrheit
die Freiheit der Presse
die Meinung des Volkes
die Schönheit der Natur
am Anfang der Woche
am Ende des Monats
Frankfurt an der Oder
das Kind im Manne
die Liebe zur Heimat
der Weg zum Glück
der Wunsch nach Frieden
das Ei des Kolumbus
der Stand der Dinge
das Recht auf Arbeit
das Glück des Tüchtigen
ein Fünkchen Hoffnung
ein Körnchen Wahrheit
die Folgen des Unfalls
die Schrecken des Krieges
die Qualen der Hölle
die Farbe der Treue
das Tor des Monats
die Hochzeit des Jahres
ein Spiel mit dem Feuer
die Chance meines Lebens
der Sinn des Lebens
der Zahn der Zeit
am Rande des Abgrundes

ARBEITSAUFTRAG

1. Konkreten Sätzen sind aus Gründen größerer Verständlichkeit besondere Kennzeichnungen (= Attribute) beigefügt.
2. Erfrage sie, übermale sie mit Kringeln und unterscheide die Einzel*beifügungen* durch Farbe.

1. Eine Reihe von Beifügungen ist im Laufe der Zeit formelhaft geworden.
2. Verwende solche Attribute in situationsgerechten Sätzen.

SATZGRAMMATIK — SATZGLIEDER

Gesamtsätze ⇨ bestehen aus Rumpfsatz und Gliedsätzen. Gliedsätze sind „Satzglieder" des Gesamtsatzes.

A. Aus dem Subjekt wird ein Subjektsatz

Sein Kommen ist völlig ungewiß.	Ob er kommen wird, ist völlig ungewiß.
Die Flucht des Gefangenen konnte verhindert werden.	Es konnte ...., daß ....
Deine Ankunft hat uns froh gestimmt.	Daß du ...., ...
Dein Aufenthalt ist mir unbekannt.	Wo ...., ist mir ....

B. Aus dem Prädikat wird ein Prädikatsatz

James Watt ist der Erfinder der Dampfmaschine.	James Watt ist es, der die Dampfmaschine erfunden hat.

C. Aus dem Objekt wird ein Objektsatz

Ich freue mich auf euren Besuch.	Ich freue mich darauf, daß ihr mich besucht.
Der Fremde erkundigte sich nach der Wohnung eines Herrn Gutzmann.	Der Fremde ...., wo ....
Der Physiklehrer zweifelt selbst an dem Gelingen seines Versuches.	Der Physiklehrer .... daran, ob ....
Ich kenne nicht den Zeitpunkt seiner Ankunft.	Ich weiß ...., wann ... .
Halte immer dein Versprechen!	Halte ...., was ....
Der Angeklagte beteuerte seine Unschuld.	Der Angeklagte ...., daß ....

Vom Gliedsatz zum Satzglied

A. Aus Objektsätzen werden Objekte:

Die Schüler freuen sich, daß es bald Ferien gibt.
→ Die Schüler freuen sich auf die Ferien.

Dem, der immer wieder lügt, kann man nicht vertrauen.
→ Dem Lügner ....

Wir müssen noch abwarten, ob dieses Wahlergebnis bestätigt wird.
→ Wir ....

B. Aus Subjektsätzen werden Subjekte:

Was die Gutachter aussagen, ist widersprüchlich.
→ Die Aussagen der Gutachter sind widersprüchlich.

Es war dem Gegner nicht klar, was der Bundestrainer beabsichtigte.
→ Die Absicht ....

Es ist noch ungewiß, ob wir ins Schullandheim fahren.
→ Unsere Fahrt ....

Es ist verboten, den Rasen zu betreten.
→ ....

ARBEITSAUFTRAG

1. Verständliche Rede paßt sich der jeweiligen Situation an: es kommt zu wechselnden Satzkonstruktionen.
2. Forme die Einzelsätze mit Satzgliedern um in Gesamtsätze mit Gliedsätzen.

1. In der Beispielspalte geht es um das umgekehrte Verfahren: aus Gesamtsätzen werden Einzelsätze.

Gesamtsätze ⇨ bestehen aus Rumpfsätzen und Gliedsätzen. Gliedsätze sind „Satzglieder“ des Gesamtsatzes.

D. Aus dem Adverbiale wird ein Adverbialsatz

Auf den ehemaligen Wiesen stehen jetzt Häuser.	Wo ehemals Wiesen waren, stehen jetzt Häuser.
Die Kinder spielten an der Anlegestelle der Boote.	.... dort, wo ....
Wir kamen bei Sonnenuntergang an der Berghütte an.	....................., als ....
Der Verletzte kam hinkend auf uns zu.	........................, indem ....
Wegen des Regens findet die Veranstaltung im Saale statt.	Weil ...., ...
Bei Sonnenschein wollen wir wandern.	.............., wenn ....
In der Aufregung gelingt euch nichts.	Wenn ...., ...
Wir fahren zur Erholung ans Meer.	............., damit ....
Tante Mimi liest zur Entspannung vor dem Einschlafen immer einen Krimi.	.........., um ..... zu ...., bevor ....
Trotz einer Muskelzerrung spielte der Tormann weiter.	........................, obwohl ....

E. Aus dem Attribut wird ein Attributsatz

Das Haus unseres Nachbarn wird verkauft.	Das Haus, das unserem Nachbarn gehört, wird verkauft.
Du erzählst immer von längst vergangenen Zeiten.	........................, die ....
Anke ließ ihr neugekauftes Kleid von einer Näherin ändern.	.............., das ...., ...
Mein Vater hat die Wiese mit den herrlichen Obstbäumen verkauft.	.........., in der ...., ...

Vom Gliedsatz zum Satzglied und umgekehrt

A. Aus (schlechten) Attributsätzen werden (gute) Attribute.

Kinder, die klein sind, sollen nicht unbeaufsichtigt auf die Straße laufen.
→ Kleine Kinder ....

Frank, der mein bester Freund ist, hat beim Fußballspielen den Fuß gebrochen.
→ ....

Drei Mädchen, die in der Grundschule sind, spielen mit einem Ball, der bunt ist.
→ ....

An einem Ofen, der kalt ist, kann man sich nicht die Finger, die erstarrt sind, wärmen.
→ ....

B. Aus (schlechten) Attributen werden (gute) Attributsätze

Ein an der Straße stehender Mann wurde überfahren.
→ Ein Mann, der ...., wurde ....

Die zum Stadion ziehenden Fußballfans machten einen Höllenlärm.
→ ....

Die von dir verlorene Briefmappe ist gefunden worden.
→ ....

ARBEITSAUFTRAG

1. Je nach Situation bauen wir Gesamtsätze mit Gliedsätzen oder Einzelsätze mit Satzgliedern.
2. Schreibe die Beispiele nach den vorgegebenen Mustern um.

1. In der Beispielspalte führt der Weg vom Gliedsatz zum Satzglied und umgekehrt. Bilde entsprechende Sätze.

Einfach lächerlich!

Der Gast im Dorfgasthaus fragt während des Essens den Wirt: „Das Huhn haben Sie doch gewiß nur schweren Herzens geschlachtet?“ – „Warum?“ – „Es schmeckt, als hätten Sie viele Jahre mit dem Entschluß gerungen!“

Ein Gartenbesitzer glaubte an das Gute im Menschen. Weil ihm häufig Blumen abgerissen wurden, hängte er eine Schere an den Gartenzaun und schrieb dazu: „Es wird gebeten, beim Diebstahl die Schere zu benutzen.“ Am nächsten Morgen stand darunter: „Schere müßte mal geschliffen werden!“

Ein Angler steckt statt eines Wurms eine Kirsche an den Haken. „Was machst du denn da?“ wundert sich ein Kollege. „Köpfchen, Mann, ich überliste die Fische: Der Wurm ist getarnt und lauert in der Kirsche!“

INFO 16: Satzbaupläne

1. In einem Satz treten zum Verb als dem Satzkern
   - eine Ergänzung: ES regnet . – VATER schläft.
   - oder mehrere Egänzungen: MEINE ELTERN schenkten MIR ZUM GEBURTSTAG EIN FAHRRAD.
   - und Angaben: Der Kranke schlief NACHTS SEHR UNRUHIG.
2. Im deutschen Satz kommt es auf diese Weise zu 15 verschiedenen Satzgliedern, die miteinander kombiniert werden können. (Info 17!)
3. Je nach Zahl und Art der Kombinationen unterscheidet man 33 verschiedene Satzbaupläne. (Siehe Seite 42.)
4. Satzbaupläne sind also Grundmuster des Satzbaues.
5. Auf der Grundlage der Satzbaupläne lassen sich „Satzbauten“ errichten.
6. Wirkliche Sätze entstehen nach diesen Bauplänen in bestimmten Sprechsituationen durch
   - Stellungswechsel der Satzglieder:
     Der Angler steckt eine Kirsche an den Haken.
     An den HAKEN steckt der Angler eine Kirsche ...
   - Unterschiedliche Betonung der Satzglieder:
     Der GAST fragt während des Essens den Wirt.
     Der Gast fragt während des Essens den WIRT.
     Der Gast fragt WÄHREND des Essens den Wirt.
   - Formveränderungen der Satzglieder (Deklination/Konjugation):
     Der Gast FRAGT während des Essens DEN WIRT.
     DER WIRT WIRD während des Essens von dem Gast GEFRAGT.
   - Unterschiedliche Satzarten:
     Ein Gartenbesitzer glaubte an das Gute.
     Glaubte der Gartenbesitzer an das Gute?
   - Ausbauteile (= Attribute):
     Der Gast fragte den Wirt.
     Der Gast IM GASTHAUS fragte den UNFREUNDLICHEN Wirt.

Ergänzungen des Verbs

E1 – Verben (s. S. 44)

Der Schüler arbeitet.
Der Vogel singt.
... schlafen.
... regnen.
... träumen.
... lachen.

E2 – Verben

Der Wärter füttert die Löwen.
Unser Nachbar fliegt nach Mallorca.
besteigen
– der Bergsteiger
– ein Achttausender
überqueren
– der Schwimmer
– der Ärmelkanal
schlagen
– der Hase
– ein Haken
begegnen
– ich
– der Briefträger

E3 – Verben

Der Verteidiger stellte dem Angreifer ein Bein.
schenken
– mein Freund
– ich
– ein Buch
fahren
– der Fahrer
– der Wagen
– in die Garage

E4 – Verben

Der Wärter warf dem Löwen Fleisch in den Käfig.

Löwe und Schaf tummeln sich im selben Käfig. „Das ist ja großartig,“ wendet sich der Besucher an den Wärter, „wie schaffen Sie das?“ „Ganz einfach, wir wechseln täglich die Schafe ...“

ARBEITSAUFTRAG

1. Notiere jeweils die Einleitungssätze der 3 Witze. Markiere durch Kringel und Farbe Satzkern, Ergänzung und Angabe und verändere sie im Sinne des INFO-Punktes 6.
2. Verfahre mit anderen (umgeformten) Witz-Sätzen ebenso.

1. Baue Sätze mit den Ergänzungen der Verben von E1, E2, E3 nach den Mustern (siehe S. 44).
2. Bilde parallele Sätze zum E4-Verb-Beispiel.

Tabelle der Satzglieder

A	Satzkern	(Prädikat)	– Der Schreiner hobelt.
B	Grundgröße	(Subjekt)	– Der Schreiner hobelt.
C	Gleichgröße	(Prädikatsobjekt)	– Frank ist Schreiner.
D	Aussagegröße	(Verbalobjekt)	– Frank lernt hobeln.
E	Nullgröße	(Es-Subjekt)	– Es lohnt sich!
F	Zielgröße	(Akkusativobjekt)	– Ich begrüße den Arzt.
G	Zuwendgröße	(Dativobjekt)	– Ich schreibe dem Arzt.
H	Anteilgröße	(Genitivobjekt)	– Ich bedarf des Arztes.
I	Beziehungsgröße	(Präpositionalobjekt)	– Ich spreche mit dem Arzt.
J	Lagegröße	(Situativobjekt)	– Ich bin beim Arzt.
K	Richtungsgröße	(Direktivobjekt)	– Ich gehe zum Arzt.
L	Zeitangabe	(Temporaladverbiale)	– Er kommt morgen.
M	Raumangabe	(Lokaladverbiale)	– Er wohnt hier.
N	Artangabe	(Modaladverbiale)	– Er schreibt eifrig.
O	Grundangabe	(Kausaladverbiale)	– Er schreibt deinetwegen.

INFO 17: Satzbaupläne

1. In den Kapiteln über die Satzgliederung haben wir gelernt, was man unter Satzgliedern versteht und welche Rolle sie im Satzverband spielen.
2. Unter mehreren möglichen grammatischen Betrachtungsweisen haben wir zwei ausgewählt, die für den Schulgebrauch am geeignetsten sind
   - die „sprachlich-funktionale" Satzgliedlehre
   - die „gedanklich-inhaltliche" Satzgliedlehre.
3. In den INFOs wurden die wichtigsten grammatischen Begriffe erklärt, die gebräuchlichen grammatischen Bezeichnungen vorgestellt.
   Mit den Arbeitsaufträgen wurden an geeigneten Sprachbeispielen grammatische Übungen durchgeführt.
4. Um alle Möglichkeiten des deutschen Satzbaues verwirklichen zu können, müssen noch zwei weitere Satzglieder bestimmt und benannt werden:
   - die Aussagegröße ist ein Objekt in der Form eines Infinitivs: Er läßt *diktieren.*
   - die Nullgröße ist ein Subjekt in der Form des unpersönlichen Pronomens ES: Es scheint nur so.
5. Die folgenden Tabellen fassen alle Satzgliedbegriffe zusammen und stellen darüberhinaus die unterschiedlichen Bezeichnungen für denselben grammatischen Sachverhalt nebeneinander. Schließlich lassen sich mit Hilfe der 15 Satzglieder die 33 Satzbaupläne aufstellen und als Sätze formulieren. (Siehe Seite 42.)

Beispiele für Nullgrößen

Muster 1:
Es regnet.
Es blitzt.
– schneien.
– hageln.
– stürmen.

Muster 2:
Es scheint möglich zu sein.
– wahrscheinlich sein
– unmöglich sein
– denkbar sein
– nötig sein
– sicher sein
– natürlich sein

Muster 3:
Es wundert mich, daß ...
– interessieren
– überraschen
– überzeugen
Es trifft sich gut!

Muster 4:
Es freut mich
– dürsten
– hungern
– gelüsten

Muster 5:
Es grünt und blüht.
– rascheln
– knistern
– spuken
– poltern

Muster 6:
Es ist Nacht.
– dunkel sein
– hell sein
– gut sein

Muster 7:
Es wurde getanzt
– singen

Muster 8: „Formeln"
Es war einmal ...
Es stand in alten Zeiten

Muster 9:
Es gibt Brot.
Es gibt Pudding.
Es gibt ...

ARBEITSAUFTRAG

1. Lies die Beispielsätze in der Satzgliedtabelle. Mach dir die Art der einzelnen Satzglieder klar.
2. Präge dir die grammatischen Fachausdrücke ein. (Die Buchstaben A, B, C ... O dienen auf Seite 42 als Lösungsschlüssel.)

1. Lies die Beispielsätze mit Nullgröße und löse die vorgegebenen Aufgaben, indem du Sätze bildest.

Sätze bauen nach Satzbauplänen

Schlüssel	Beispielsatz
Ⓔ Ⓐ	Es gärt.
Ⓑ Ⓐ	Der Schüler schreibt.
Ⓑ Ⓐ Ⓕ	Der Lehrer berät den Schüler.
B A K	Ich fahre nach Berlin.
B A J	Saarbrücken liegt an der Saar.
B A I	Wir warten auf dich.
B A N	Ich bin durstig.
B A C	Kinder sind erstaunliche Wesen.
E A F	Es friert mich.
G A I	Mir graut vor dir!
B A D	Herr Müller läßt bitten.
B A G	Cola schmeckt mir.
B A H	Fritz bedarf unserer Hilfe.
B A G F	Fritz bringt Annette einen Blumenstrauß.
B A F F	Lehrer lehren Schüler die Grammatik.
B A F H	Hans bezichtigt Grete des Diebstahls.
B A F I	Sie zwingt ihn zum Nachgeben.
E A J F	Es gibt in Saarbrücken eine Universität.
B A J F	Er besucht in Saarbrücken die Universität.
B A F K	Karl brachte die Koffer nach Düsseldorf.
B A F C	Man nennt ihn Fußballer des Jahres.
B A F N	Man nennt ihn ehrgeizig.
B A F D	Ich sehe ihn tanzen.
B A G I	Er rät uns zur Vorsicht.
B A G K	Die Mutter hilft dem Kind ins Bett.
B A G N	Wir begegneten ihm abweisend.
B A F M	Er traf ihn dort.
L A B G	Damals begegnete ich dem Fremden.
B A F O	Sie verbargen den Flüchtling sicherheitshalber.
B A I I	Ich sprach mit ihm über Rebekka.
B A N I	Manche gehen unsanft mit den Leuten um.
E A N I	Es steht schlecht um seine Versetzung.
E A C I	Es ist ein Jammer mit ihm.

Aussagegröße = Verbalobjekt

Er lernt sprechen
— schreiben
— tanzen
— singen
— rechnen

Er lehrt ihn sprechen.
— lesen
— schreiben
— schwimmen

Er macht ihn lachen.
— weinen
— . . .

Er heißt ihn gehen.
— kommen
— schweigen
— den Mund halten

Er läßt die Suppe stehen.
— liegen
— abholen
— anfertigen
— fallen

Er hört sie singen.
— rufen
— schreien
— lachen
— sprechen
— flüstern

Er sieht ihn kommen.
— gehen
— fahren
— stürzen
— fallen

Er versteht zu reden.
— zu überzeugen
— zu tanzen
— zu schmeicheln
— zu plaudern

Er geht schlafen
— tanzen
— essen

Er geht schwimmen

ARBEITSAUFTRAG

1. Lies die Beispielsätze und bestimme die einzelnen Satzglieder nach dem beigefügten Schlüssel. (Buchstaben nach der Satzgliedtabelle auf Seite 41!)
2. Baue nach dem gleichen Schlüssel andere Sätze.

1. Lies die vorgegebenen Mustersätze und markiere die Aussagegröße: Er lernt [sprechen].
2. Bilde parallele Sätze.

DAS SATZSCHEMA

AUSSAGE

	V			

Du KOMMST schon wieder zu spät.

. . . .

Du MUSST das Radio leiser stellen.

. . . .

Ihr DÜRFT mich nicht warten lassen.

BEFEHL

V				

KOMM nicht schon wieder zu spät!

FANGT endlich mit der Arbeit an!

. . . .

FAHR bitte das Auto weg!

. . . .

AUSSAGE

	V			

Du WOHNST seit einem Jahr in Düsseldorf.

Frank KOMMT regelmäßig zu unserer Gruppenstunde.

. . . .

Mein Vater HAT sich einen neuen Wagen gekauft.

FRAGE

V				

WOHNST du seit einem Jahr in Düsseldorf?

. . . .

GEHT Claudia noch zur Schule?

. . . .

AUSRUF

	V			

Was BIN ich heute so müde!

Wann BIST du denn endlich fertig!

. . . .

WUNSCH

V				

WÄRE ich doch nur nicht so müde!

. . . .

HÄTTEST du doch auf mich gehört!

INFO 18: Satzschema

1. Beim Satzschema der deutschen Sprache sind zwei maßgebende Muster zu unterscheiden:
2. Das Schema A zeigt das Verb als „Angelpunkt" des Satzes in der Zweitstellung.

Wie	war	das	heiß!
Wohin	geht	die	Fahrt?
Alle	nannten	ihn	Hanno.

3. Das Schema B zeigt das Verb als „Anfangspunkt" des Satzes in der Erststellung.

Geht	alle	nach	Hause!
Schreibst	du	mir	auch?

SATZSCHEMA

Satzschema A

FRAGE

	V		

Wieweit ist es bis Köln?

- wie hoch . . . . ?
- wie tief . . . . ?
- wie oft . . . . ?
- wann . . . . ?
- bis wann . . . . ?
- wie lange . . . . ?
- seit wann . . . . ?
- wo . . . . ?
- woher . . . . ?
- wohin . . . . ?
- warum . . . . ?
- weshalb . . . . ?

AUFFORDERUNG

	V		

Du gehst sofort nach Hause

- zu Hause bleiben
- Aufgaben machen
- Grammatik üben
- mit etwas aufhören
- mit etwas anfangen
- still sein
- sich entschuldigen
- sich ausruhen
- sich einmal ausschlafen
- die Hände waschen

FRAGE

	V		

Du kommst doch morgen?

- jemandem schreiben
- jemanden anrufen
- etwas einsehen
- etwas verstehen
- alles mitgebracht haben
- alles überlegt haben
- nichts wissen
- nichts hören
- nichts bemerkt haben

ARBEITSAUFTRAG

1. Formuliere entsprechende Äußerungen mit Hilfe des Satzschemas.
2. Kennzeichne die Satzteile durch Kringel und die Verbstellung mit Farbe.

1. Betrachte das jeweilige Grundmuster und bilde Sätze mit den angegebenen Ausdrücken.
2. Forme deine Satzbeispiele so um, daß sie ins Satzschema B passen: z. B. Geh sofort nach Hause! Ist es weit bis Köln?

SATZMODELLE

Modell	Bauform	Satzglieder
Einer-Modell	Bauform A:	Der Vogel — (singt.)
	Bauform B:	Es — (blitzt.)
	Bauform C:	Heute abend — (wird getanzt.)
Zweier-Modell	Bauform A:	Peters Vater — (ist) — Kaufmann.
	Bauform B:	Peters Vater — (verkauft) — Gemüse.
	Bauform C:	Peter — (hilft) — ihm.
	Bauform D:	Peters Vater — (ist) — im Geschäft.
Dreier-Modell	Bauform A:	Er — (nennt) — ihn / einen Lügner.
	Bauform B:	Er — (beschuldigt) — ihn / der Tat.
	Bauform C:	Er — (gibt) — ihm / Urlaub.
	Bauform D:	Sie — (stellt) — Blumen / auf den Tisch.
	Bauform E:	Sie — (besucht) — ihn / in Dortmund.
Vierer-Modell	Bauform A:	Er — (wirft) — ihm / einen Schneeball / an den Kopf.
	Bauform B:	Er — (macht) — sich / die Hände / nicht schmutzig.

INFO 19: Satzmodell

1. Das Satzschema der einfachen Aussage, Frage und Aufforderung läßt sich durch die Art und Zahl der Satzkern-Ergänzungen verschieden ausgestalten.
2. Dabei lassen sich 4 Grundmodelle unterscheiden:

   das Einer-Modell: E1 — (V)

   das Zweier-Modell: E1 — (V) — E2

   das Dreier-Modell: E1 — (V) < E2 / E3

   das Vierer-Modell: E1 — (V) < E2 / E3 / E4

3. Das Zweiermodell kennt 4, das Dreiermodell 5 und das Vierermodell 2 Bauformen. (Siehe Satzbeispiele!)

Vierer-Modell

Der Schüler legt dem Lehrer das Hausheft auf den Tisch.
Der Richter machte dem Angeklagten sein Unrecht klar.
Der Ritter warf seinem Rivalen den Fehdehandschuh ins Gesicht.
Ich erkläre dir die Aufgabe noch einmal.
Er sagte mir das im Vertrauen.

Dreier-Modell

Er nennt sich König.
Der Flegel gibt dem jungen Mann eine Ohrfeige.
Die Freunde bezichtigen den Fremden des Verrates.
Der Bauer fährt Mist auf seine Felder.
Der Festzug begibt sich zum Rathaus.
Der Dieb verschaffte sich einen Nachschlüssel.

Zweier-Modell

Mein Onkel ist Weltenbummler.
Meine Tante ist unternehmungslustig.
Frank begleitet sie.
Der Kunstfreund kauft das Gemälde.
Die Straße führt zum Bahnhof.
Der Eifelturm steht in Paris.
Der Zug fährt um 4.45 Uhr.

Einer-Modell

Ab morgen wird gefastet.
Es brennt!
Fritz schläft.
Es donnert.
Hier darf gelacht werden!

ARBEITSAUFTRAG

1. Schau dir die Satzmodelle genau an und konstruiere nach ihnen in deinem Arbeitsheft Beispielsätze zu jeder Bauform.
2. Suche die Sätze eines kleinen Textes zu modellieren.

1. Lies die Modellsätze und passe sie in die entsprechenden Satzmodelle ein.
2. Prüfe an Texten, wie die einzelnen Modelle im Redezusammenhang wirken.

Satzpyramiden

ICH
ICH LIEBE
ICH LIEBE DAS SALZ
ICH LIEBE DAS SALZBURGER LAND

DU
DU BIST
DU BIST EIN SCHWEIN
DU BIST EIN SCHWEINFURTER

ER
ER TRINKT
ER TRINKT DORT
ER TRINKT DORTMUNDER BIER

SIE
SIE SINGEN
SIE SINGEN IM REGEN
SIE SINGEN IM REGENSBURGER DOM

ES
ES BRODELT
ES BRODELT IM KOCH
ES BRODELT IM KOCHTOPF

SIE
SIE KEHRT
SIE KEHRT IHM
SIE KEHRT IHM DEN RÜCKEN

IHR
IHR SOLLT
IHR SOLLT KLAGEN
IHR SOLLT KLAGENFURT BESUCHEN

WIR
WIR WOLLEN
WIR WOLLEN HILDE
WIR WOLLEN HILDESHEIM SEHEN

FRANK
FRANK ZIEHT
FRANK ZIEHT SICH AUS
FRANK ZIEHT SICH AUS DEM GESCHÄFT ZURÜCK

FRITZ
FRITZ MUSS MAL
FRITZ MUSS MAL IN RUHE
FRITZ MUSS MAL IN RUHE NACHDENKEN

INFO 20: Satzsinn

1. Bei sprachlicher Verständigung geht es darum, eine bestimmte Nachricht in einer bestimmten Absicht weiterzugeben oder auszutauschen.
2. Diese absichtsvolle Mitteilung wollen wir „SINN" nennen.
3. Grammatisch werden NACHRICHT + ABSICHT in einem SATZ ausgedrückt: der Satz ist der Sitz des Sinnes!
4. Der SATZSINN kann verändert werden
   - durch Wegnehmen von Aussage-Elementen
   - durch Hinzufügen von Aussage-Elementen
   - durch Ersetzen von Aussage-Elementen
   - durch Verwandeln von Aussage-Elementen.
5. Der SATZSINN kann auch verändert werden, durch Hinzufügen, Wegnehmen und „Verrücken" von Form-Elementen (= Satzzeichen).

Sinnveränderung im Kettenspiel

Das Kind ißt Kuchen.
Die Mutter ißt Kuchen.
Die Mutter backt K . . .
Die Mutter backt Brot.
Die Tante backt Brot.
Die Tante kauft Brot.
Die Tante kauft Gemüse .
? . . . .
. . . . . ? . . . .
. . . . ?
? . . . .
. . . . ? . . . .
. . . . ?
usw. usw.

*

Der Lehrer fragt den Schüler .
Der Lehrer fragt ?
Der Lehrer ? . . . .
? . . . .
. . . . ?
. . . . ? . . . .
? . . . .
usw. usw.

*

Frank schreibt einen Brief .
Frank ? einen Brief.
? . . . .
. . . . ?
. . . . ? . . . .
? . . . .
usw. usw.

*

Die Katze fängt eine Maus .
Die Katze ? eine Maus.
? . . . .
. . . . ? . . . .
. . . . ?
. . . . ? . . . .
? . . . .
usw. usw.

*

ARBEITSAUFTRAG

1. Die Satzpyramiden wollen dir den Sinn von Sätzen klarmachen: Lies die Sätze jeweils von der Pyramidenspitze zum Sockel und umgekehrt.
2. Versuche selbst, Satzpyramiden zu bauen, um Sinnaufbau bzw. Sinnveränderung zu erkennen.

1. Spiele das Sinn-Kettenspiel in der angedeuteten Weise durch.
2. Denk dir ähnliche Sinnspiele aus und führe sie durch.

SATZGRAMMATIK

Jo Pestum: „Das große Zittern"

Aus dem Inhalt:

1. Plötzlich geschieht etwas.	● UNERWARTETES
2. Jemand steht und löst aus.	● VOR DER TÜR ● ANGST
3. Ein Junge flieht.	● DURCHS UNTERHOLZ
4. Die Schulklasse bläst.	● ZUR HEXENJAGD
5. Der Kommissar macht Fehler.	● IRRT SICH UND ● FASST EINEN DIEB
6. Der Verbrecher handelt.	● MIT SCHNEE
7. Eigentlich wollte der Student zum Alptraum.	● EINEN JUX MACHEN ● DOCH DER WIRD
8. Ein Mädchen muß.	● SICH ERINNERN
9. Der Journalist ist gar.	● KEIN JOURNALIST
Alles Geschichten, die jeden Augenblick Wirklichkeit werden.	● KÖNNTEN

Was Zeichen erreichen?!

Mein Bekannter bat mich, nicht zu kommen.	Mein Bekannter bat mich nicht, zu kommen!
Der Rechtsanwalt hat das Recht zu verteidigen.	........................., ...

FLUCH und SEGEN

Alles Unglück wünsch ich dir, fern vom Leibe bleibe mir, alles Unglück treffe dich, niemals aber denk an mich!	Alles Unglück ...., ..., ...! ...., ...
Hier schrieb er auch, wenn ihn der Drang, seines Vaters Geld auszugeben, nicht nach Europa trieb.	Hier schrieb er auch, ..., ..., ...

SATZSINN

Wegnehmen von Aussage-Elementen

A.

1	Wir
2	kaufen
3	uns
4	wahrscheinlich
5	nächsten Monat
6	einen Farbfernseher

1 – 2 – X – 4 – 5 – 6
1 – 2 – 3 – X – 5 – 6
1 – 2 – 3 – 4 – X – 6
1 – 2 – X – X – 5 – 6
1 – 2 – X – X – X – 6

B.

1	Mittags
2	liegt
3	die Katze
4	behaglich
5	schnurrend
6	auf der Bank
7	in der Sonne

X – 2 – 3 – 4 – 5 – 6 – 7
1 – 2 – 3 – X – 5 – 6 – 7
1 – 2 – 3 – 4 – X – 6 – 7
1 – 2 – 3 – 4 – 5 – X – 7
1 – 2 – 3 – 4 – 5 – 6 – X
1 – 2 – 3 – X – X – 6 – 7
1 – 2 – 3 – X – X – X – 7

C.

1	Nachts
2	bellt
3	der Hund
4	unseres Nachbarn
5	in seiner Hütte
6	unaufhörlich
7	den Mond an

ARBEITSAUFTRAG

1. Die Krimititel sind wichtiger Bestandteile „beraubt" worden: Du findest sie in der rechten Spalte. Stelle den ursprünglichen Titel wieder her.
2. Auch das „Versetzen" von Satzzeichen führt zur Verwirrung: Lies die Beispiele und schreibe die Texte mit veränderter Zeichensetzung nach den vorgegebenen Mustern.

1. Lies die Sätze in der Übungsleiste und verändere ihren Sinn durch Wegnahme von Teilen nach dem Zahlen-Muster.
2. Bilde ähnliche Satzbeispiele und Zahlenmuster.

Liebeserklärung an den Lenz

A.
FÜNF leuchtendgelbe LÖWENZAHNBLÜTEN, die an einem frostigen Vorfrühlingstag TAPFER der KÄLTE trotzen, sind mir LIEBER als ZEHN Treibhäuser voll langstieliger roter Rosen.

B.
FünfleuchtendgelbeLöwenzahnblüten,
tapferderKältetrotzen,sindmirlieberals
tapferderKältetrotzen,sindmirleiberals
zehnTreibhäuservolllangstieligerroter
Rosen.

INFO 21: Satzklang

1. Beim Reden kommt es nicht nur auf *sinn*volles, sondern auch auf *klang*volles Sprechen an: der *Satzsinn* wird erst durch den *Satzklang* voll und ganz verstanden.
2. Jede Rede erhält ihre besondere Klanggestalt durch das *Zusammenspiel* mehrerer Gestaltungskräfte, die auch zeichnerisch dargestellt werden können
   - die *Redespannung* durch *Klangbögen* (Merkmale: aufsteigend — gipfelnd — absteigend)
   - der *Redefall* durch *Melodiebögen* (Merkmale: ansteigend — schwebend — abfallend)
   - der *Redefluß* durch *Rhythmuslinien* (Merkmale: schnell — mäßig — langsam)
   - der *Redeakzent* durch *Betonungspunkte* (Merkmale: schwer — mittel — leicht)
   - der *Redeton* durch *Klangzeichen* (Merkmale: hart — normal — weich)
3. Der Lautwert der Wörter trägt und bestimmt nach FARBE, DAUER, STÄRKE und HÖHE die Klanggestalt der Einzelsätze wie des Gesamttextes.
4. In einer lebendigen Rede kommen zwar die *wechselnden Eigenheiten* des einzelnen Sprechers als charakteristische Erscheinungen und typische Haltungen zum Ausdruck, aber es lassen sich auch *gleichbleibende Eigentümlichkeiten* der deutschen Sprache als allgemeine Gesetze erkennen und besondere Regeln einüben.

Zeichen zum Erfassen und Beschreiben des Satzklanges

A. Klangbögen

1. Spannungsbogen
2. Gliederungsbogen
3. Betonungsbogen

B. Melodielinien

1. Aussagesatz
   — Aussage
2. Aufforderungssatz
   — Anruf
   — Ausruf
3. Ergänzungssatz
   — Satzfrage
   — Wortfrage

C. Rhythmuspfeile

1. schnelle Bewegung
2. mäßige Bewegung
3. langsame Bewegung

D. Betonungspunkte

1. leichte Betonung
2. mittlere Betonung
3. schwere Betonung

E. Merkmalzeichen

1. harter Farbton
2. normaler Farbton
3. weicher Farbton

ARBEITSAUFTRAG

1. Lies die „Liebeserklärung" (A) unter Betonung der hervorgehobenen Wörter. Betone beim wiederholten Lesen auch andere Sinnwörter.
2. Lies die Fassung B langsam und deutlich, indem du dir Melodie und Rhythmus der Aussage „vor Ohren" führst.

1. Kennzeichne selbstgewählte einfache Äußerungen oder Kurztexte mit Hilfe von Klangbögen, Melodielinien usw.

A. Redefluß im Auf und Ab

Die Bewegung des Satzklanges verläuft auf der Bewegung des Satzsinnes.

Wenn dich die Lästerzunge sticht, so laß dir dies zum Troste sagen:

die schlecht'sten Früchte sind es nicht, woran die Wespen nagen.

Alle fügt sich und erfüllt sich, mußt es nur erwarten können
und dem Werden deines Glückes Jahr und Felder reichlich gönnen,
bis du eines Tages jenen reifen Duft der Körner spürest
und dich aufmachst und die Ernte in die tiefen Speicher führest.

Friedrich Rückert (1788–1866)

Ihrer sechzig hat die Stunde,
über Tausend ist ein Tag.
Söhnlein, merke dir die Kunde,
was man alles leisten mag.

Johann Wolfgang von Goethe (1749–1832)

B. Klangbögen

Spannungsbogen

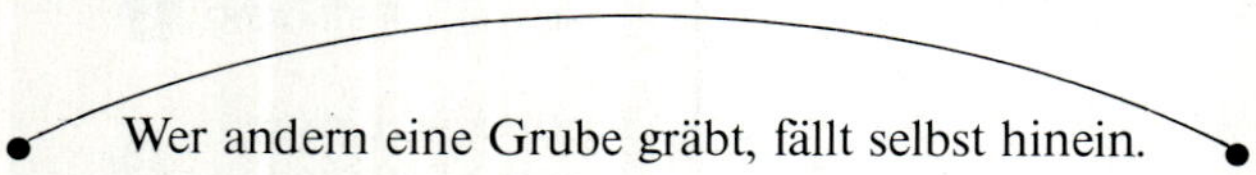

Gliederungsbogen

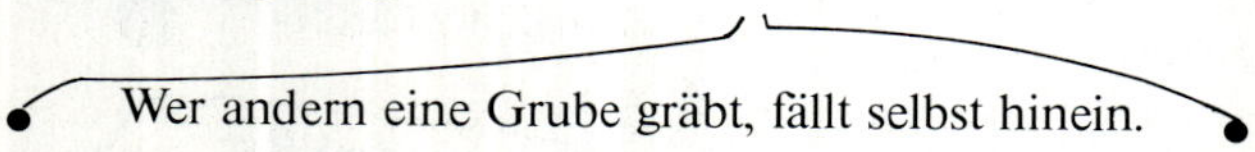

Betonungsbogen

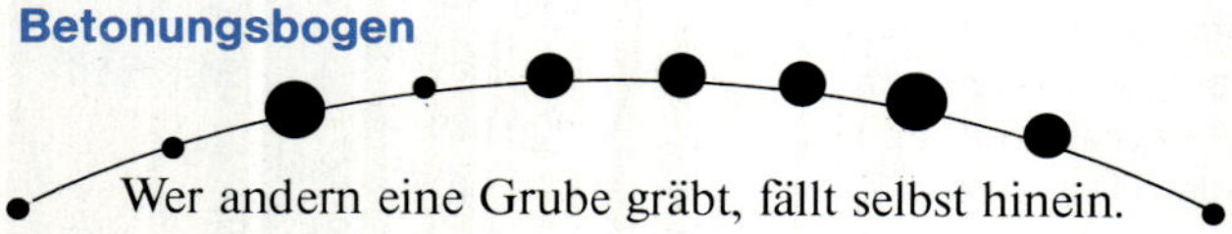

Satzmelodien

Ausbildung verhindert Einbildung.

Was steht zwischen Berg und Tal. (und)

Hast du meinen Füllhalter gesehen?

Wär ich doch endlich fertig!

Gib mir endlich mein Buch!

Jahre lehren mehr als Bücher.

Wo liegt der Hase am wärmsten? (im Bratofen)

Fährst du nicht mit ins Ferienlager?

Wie lange das wieder dauert!

Lauf mal schnell zum Bäcker!

Das ABC ist die Stufe zur Weisheit.

Welcher Peter macht den größten Lärm? (Trompeter)

Schreibst du mir einen Brief aus dem Urlaub?

Hätte ich doch besser aufgepaßt!

Laß das bitte!

Wiederholung ist die Mutter des Unterrichts.

Was hat Adam vorn und Eva hinten. (das A)

Raucht Stefan immer noch so stark?

Kauf dir diese Jeans!
Fragen kostet kein Geld.

Was ist schlimmer als ein böser Bube?
(zwei böse Buben)

Hat Angelika sich das blaue Kleid gekauft?

Was für ein Vergnügen!

Denk über alles gut nach!

ARBEITSAUFTRAG

1. Lies die Sinnsprüche (A) und kennzeichne sie in der vorgegebenen Weise. Verfahre mit ähnlichen Texten deines Lesebuchs ebenso.
2. Zeichne zu anderen „gesamtsätzigen" Sprichwörtern (B) die angegebenen Bögen.

1. Kennzeichne die Satzbeispiele nach lautem, deutlichem Lesen mit den entsprechenden Melodiebögen (vgl. Übungsspalte S. 47).

A. Rhythmus – rasch und ruhig

Josef Guggenmos: Aufregung

Lauft alle, schnell, schnell! Schnell, schnell, schnell, rennt herbei! Es regt sich, bewegt sich! Es ko-, ko-, ko-, kollert . . . Zu Hilfe, wer hält es? Da fällt es, das Ei. Da liegt es und ist entzwei ganz und gar. Und alle Mechaniker auf der Welt kriegen's nicht mehr hin, wie es war.

Hilde Leiter: Dwei dahme, därtliche Debras

Zwei zornige zügellose Zebras zerkauen Zucker, zucken, zeigen Zähne, Zungen, zertreten zusammen Zäune; zupfen zwicken zahlreiche Zebus, Ziegen, Zobel, Ziesel; zerren zwei zweifellos zweihändige Zwillinge, zerkratzen Zwerge, Zigeuner, zwölf Zahnärzte, zwanzig Zigarrenraucher; zernagen Zirben, zerstören Zyklamen, zerfressen Zinnien, Zedern, Zypressen; zerstapfen Zitronen, zerquetschen Zibeben . . .
Zaghaft zotteln zwei zerknirscht zitternde Zebras zum zankenden Zoowärter. Der donnert: „Dumme Dunzeln!“
Da dehen die deiden Debras danz drav, danz dammfromm dum Dehege. Dwei dahme, därtliche Debras!

B. Zungenbrecher für Schnellsprecher

Hottentotten . . .

Wie Euch vielleicht bekannt sein dürfte, gibt es im Hottentottenlande das „Känguruh“ oder die „Beutelratte“. Besagte Beutelratte pflegte man in Gattern, genannt Kotter, aufzubewahren, welche mit Lattengitter- und Wetterschutzvorrichtungen versehen sind. Man nennt sie infolgedessen Lattengitterwetterkotter und die Beutelratten, die man darin aufbewahrt, die Lattengitterwetterkotterbeutelratten. Nun lebte im Hottentottenlande eine Hottentottenmutter, welche zwei Kinder hatte, die stotterten und an Trottelosis litten; man nannte sie infolgedessen Hottentottenstottertrottelmutter. Auf besagte Hottentottenstottertrottelmutter wurde ein Attentat verübt, und man nannte den Attentäter den Hottentottenstottertrottelmutterattentäter. Besagter Hottentottenstottertrottelmutterattentäter wurde jedoch gefangengenommen und in ein Lattengitterwetterkotter gesperrt, in dem sich eine Lattengitterwetterkotterbeutelratte befand. Nach einiger Zeit kniff die Lattengitterwetterkotterbeutelratte aus, und wiederum nach einiger Zeit meldete sich auf dem Bürgermeisteramte ein Mann und sagte: „Herr Bürgermeister, ich habe die Beutelratte gefangen.“ – Ja *welche* Beutelratte haben Sie denn gefangen?“ – „Herr Bürgermeister, ich habe die Beutelratte gefangen, die in dem Lattengitterwetterkotter saß, in dem der Hottentottenstottertrottelmutterattentäter gefangen war.“ – „Ach so“, sagte der Bürgermeister, „da haben Sie also die Hottentottenstottertrottelmutterattentäterlattengitterwetterkotterbeutelratte gefangen? Nun, dann nehmen Sie hier die Hottentottenstottertrottelmutterattentäterlattengitterwetterkotterbeutelrattenfangprämie in Empfang und gehen Sie befriedigt nach Hause.“

Josef Guggenmos
Aufregung

Lauft alle,
schnell,
schnell,
Schnell,
schnell,
schnell,
rennt herbei!
Es regt sich,
bewegt sich,!
Es ko-,
ko-,
ko-,
kollert . . .
Zu Hilfe,
wer hält es,
das Ei.

Da liegt es
und ist entzwei
ganz und gar.
Und alle Mechaniker auf der Welt
kriegen's nicht mehr hin,
wie es war.

Kappenkauf

Sitzt dir, Knabe,
die Kappe zu knapp,
setz die knappe Kappe ab!
Die da, du, die paßt dir schier.
Nimm die da, du,
nein, die da hier!
Die, die du jetzt hast:
Die da, du, die paßt.

ARBEITSAUFTRAG

1. Lies die Gedichte und Zungenbrecher so, daß Rhythmus und Melodie der Texte bewußt werden.
2. Sucht weitere Zungenbrecher und macht einen Schnellsprecher-Wettbewerb.

1. Schau dir die dichterische Darstellungsweise der GUGGENMOS-Texte an und prüfe, ob er die rhythmische Bewegung richtig „abgebildet“ hat.
2. Suche weitere Gedichte, schreib sie in Prosaform und lies sie laut.

SATZGRAMMATIK — SATZKLANG

A. Aus der Werkstatt der Textdichter

Ernst Jandl: ottos mops

ottos mops trotzt
otto: fort mops fort
ottos mops hopst fort
otto: soso

otto holt koks
otto holt obst
otto horcht
otto: mops mops
otto hofft

ottos mops klopft
otto: komm mops komm
ottos mops kommt
ottos mops kotzt
otto: ogottogott

Christian Morgenstern: Das große Lalula

Kroklokwafzi? Semememil! Seiokrontro – prafriplo: Bifzi, bafzi; hulaemi: quasti basti bot . . . Lalu lalu lalu la! Hontraruru miromente zasku zes rürü? Entepente, leiolente klekwapufzi lü? Lalu lalu lalu lalu la! Simaror kos malzipempu silzuzankunkrei! Marjomar dos: Quempu Lempu Siri Suri Sei! Lalu lal lalu lalu la!

B. Aus der Werkstatt der Werbetexter

Vim bringt den Farbenfrühling ins Bad . . .

und hygienisch strahlende Sauberkeit! Jetzt gibt es Vim in der schicken Badezimmer-Dose. Praktisch . . . in Plastik! Und passend zum Bad: in Weiß, in Rosa, in Blau und Grün. Wanne, Kacheln und das Becken – sauber, sauber, strahlend sauber? Und mit der Zwillingspackung haben Sie immer Vorrat im Haus.
Vim beseitigt 100% aller Bakterien – schafft piksauberes Weiß.

Lieben Sie Aber?

Aber ist eine neue Modefarbe – eine beige- bis goldbraune Farbtönung – für Anzüge und Sportsaccos. Die neuen Farben dieser Saison sind, neben Aber, die Brauntöne Topas und Granat sowie Lapisblau und Achat-grün. Dazu differenzierte Stoffarten und schlankgeschnittene Modelle mit harmonisch abgestimmten Accessoires: Das ist der international gültige Stil.
Im führenden Fachgeschäft für Herrenkleidung finden sie die Auswahl.

Klangfarben – Farbklänge

Stielhieb
Kriechtier
Viehtrieb
Spielwiese

Bittschrift
Klippfisch
Mitschnitt
Filmbrille

Seeweg
Gehsteg
Wegklee
Kehrbesen

Stellwerk
Heckmeck
Herzspeck
Bettdecke

Schlafsaal
Gashahn
Jagdspaß
Tragbahre

Packsack
Wachmann
Handball
Schwarztanne

Rohobst
Moormohn
Stoßton
Rohrofen

Kochtopf
Kopfloch
Stockschloß
Schloßorgel

Fußspur
Stuhlfuß
Schuluhr
Zugblume

Rundturm
Fluchtpunkt
Brustschuß
Druckpumpe

ARBEITSAUFTRAG

1. Lies die Texte von JANDL und MORGENSTERN laut und deutlich und versuche, ihre Wirkung zu beschreiben.
2. Stelle die Vers-Fassung (in Zeilen und Strophen) im LALULA-Gedicht her. (Reimwörter beachten!)

1. Lies die Wörter mit unterschiedlicher Klangfarbe, suche selbst solche sprachlichen „Farbklänge" und laß sie in Sätzen „klingen".

TEXTGRAMMATIK

A. Ein-Wort-Texte

Hilfe! Feuer! Aufstellen! Bitte! Marschmarsch! Eine schöne Bescherung!

B. Ein-Satz-Texte

1. Sprichwort: Wenn zwei sich streiten, freut sich der dritte.
2. Aphorismus: Sie fühlen mit dem Kopf und denken mit dem Herzen.
   Georg Christoph Lichtenberg (1742–1799)

C. Mehr-Satz-Texte

1. Nachricht aus einer Tageszeitung

Einbrecher war zu dick

Der dicke Bauch ist einem Einbrecher in Essen zum Verhängnis geworden. Bei dem Versuch, durch ein Loch in einem Supermarkt einzudringen, blieb der Beleibte stecken. Erst Experten der Feuerwehr konnten den 21jährigen aus seiner mißlichen Lage befreien. „Dabei hatte ich vorher extra meine Hose ausgezogen“, seufzte der schon Vorbestrafte.

2. Nachricht aus einem Fabelbuch

Der Dornstrauch

Aber sage mir doch, fragte die Weide den Dornstrauch, warum du nach den Kleidern des vorbeigehenden Menschen so begierig bist? Was willst du damit? Was können sie dir helfen?

Nichts! sagte der Dornstrauch. Ich will sie ihm auch nicht nehmen; ich will sie ihm nur zerreißen. Gotthold Ephraim Lessing (1729–1781)

INFO 22: Textbegriff

1. Sprache dient der Verständigung.
2. Der Text ist die kleinste Einheit der sprachlichen Verständigung.
3. Texte können mündlich oder schriftlich verfaßt sein.
4. Der gesprochene Text kann über die Wörter hinaus durch Gebärden, Bilder und Klänge unterstützt werden, z. B. durch Winken, Skizzieren, Pfeifen.
5. Der geschriebene Text kann neben Wörtern auch Bilder enthalten, z. B. Comics, Fotoreportagen.
6. Durch einen Text will ein Sprecher einen Hörer veranlassen, etwas zu denken, zu wollen oder zu fühlen: zu überlegen, zu handeln, zu empfinden.
7. Damit diese Verständigung gelingt, muß der Hörer oder Leser nacheinander dreierlei tun
   - Zeichen innerhalb des Textes aufeinander beziehen: Wörter auf Wörter, Wörter auf Bilder.
   - Zeichen auf etwas außerhalb des Textes beziehen: auf Personen, Sachen, Eigenschaften und Beziehungen.
   - Zeichen auf sein Denken, Wollen oder Fühlen beziehen: etwas zu tun oder zu lassen.

TEXTBEGRIFF

Mißlungene Verständigung

A.

Bischof verflucht Finanzminister

Schulleiter schlägt schwangere Mutter

Ministersessel für Bonner Putzfrau

B.

Ober: „Wie haben Sie das Schnitzel gefunden?“
Gast: „Zufällig. Unterm Salatblatt.“

„Gestern hab' ich 200 Fliesen verlegt.“
„Hoffentlich finden Sie sie wieder.“

ARBEITSAUFTRAG

1. Lies die Beispiele zu den 3 Grundformen von Texten und vergegenwärtige dir die Sprechsituationen, in denen sie geäußert werden können.
2. Forme die Ein-Wort-Texte (A) in ganze Sätze um und erläutere Ein-Satz-Texte (Sprichwörter) durch Umschreibung oder Zeichnung.

1. Überlege, wo und wann Sätze der Übungsspalte mißverstanden werden müssen und worauf die Mißverständnisse beruhen.
2. Suche weitere Beispiele in Zeitung und Buch.

TEXTGRAMMATIK

Gelungene Verständigung: gegliederte Kommunikation

WIE? Zeichenbezug		WAS? Gegenstandsbezug	WER? WEM? Partnerbezug	WO? WANN? Situationsbezug	WARUM? WOZU? Wirkungsbezug
Feuer!	Es brennt!	Etwas steht in Flammen.	Hausbewohner/ Feuerwehr	?????	Hilfe rufen – retten
	Bitte, geben Sie mir Feuer!	?????	?????	?????	bitten – erfüllen
	Gebt Feuer!	?????	?????	beim Manöver in der Artilleriestellung	befehlen – gehorchen
DER HUND IST BISSIG.		Der Hund hat das scharfe Gebiß eines Raubtiers und greift sofort an.	Vater – Sohn	Beim Besuch des Nachbarn, vor der Hundehütte	erklären – verstehen
			Hundezüchter – Käufer	?????	?????
			Bauer – Dieb	?????	?????
			Spaziergänger – Mann mit Hund	?????	?????
NOCH WÄRMER Örtlich Frühdunst.		Wetterlage in Deutschland	Meterologe/ seine Frau	Zu Hause/ nach Dienst	informieren wollen –
Sonst heiter und trocken. Höchsttemperaturen 23 bis 26 Grad. Tiefstwerte um 12 Grad. Schwache bis mäßige Winde aus Ost bis Süd. (evtl. ergänzt durch Wetterkarte)			Wetterstation/Zeitung	Saarbrücken Di., 15.5.79	informiert sein
			Zeitung/ Leser	?????	
			Rundfunk/ Hörer	?????	
			Fernsehen/ Zuschauer	?????	
SPRACHGESTALT Konstruktion		SACHVERHALT Information	SPRECHPARTNER Produktion/ Rezeption	SPRECHLAGE Situation	SPRECHABSICHT Intention

TEXTBEGRIFF

Gestörte Kommunikation

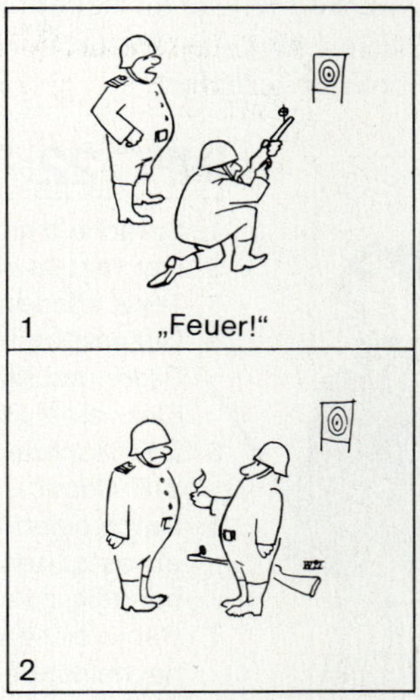

ARBEITSAUFTRAG

1. Schau dir die Einzelbeispiele im Kommunikationsschema an und ergänze die fehlenden Rede-Elemente.
2. Schematisiere anderen Beispiele nach dem vorgegebenen Untersuchungsmuster.

1. Formuliere die vermutlichen Äußerungen der Bild-Personen.
2. Zeichne ähnliche Bildwitze (mit und ohne Worte).

TEXTGRAMMATIK

Einsatz von Feuerlöschern

Sie dürfen sich beim Löschen nicht von Flammen und Rauch behindern lassen.	Bei Kleinbränden dürfen Sie den Löscher nicht völlig entleeren.
Sie müssen gemeinsam mit mehreren Löschern zugleich angreifen.	Sie müssen die Pulverwolke sanft über die gesamt brennende Fläche legen.
Brennendes Öl in offenen Behältern keineswegs mit vollem Pulverstrahl angreifen.	Bei großen Bränden dürfen Sie nicht allein löschen und dabei mehrere Löscher nacheinander benutzen.
Sie müssen von oben nach unten löschen.	Eingesetzte Feuerlöscher dürfen Sie auf gar keinen Fall wieder aufhängen.
Sie dürfen nicht sinnlos in die Flamme spritzen.	Eingesetzte Löscher müssen durch betriebsbereite Löscher ersetzt werden.
Sie müssen stets mit dem Wind von vorn nach hinten löschen.	Sie müssen durch kurze Pulverstöße löschen.

TEXTBEGRIFF

Sprechende Zeichen

Auskunftsbüro
Koffer-Kuli
Behälter für Abfälle
Geldwechsel
Fahrkarten-Verkaufsstellen
Wartesaal
Gepäck im Schließfach
Bahnhofsrestaurant
Trinkwasser
Nichtraucher

ARBEITSAUFTRAG

1. Lies den Bildtext „mit den Augen“ und prüfe, ob du durch die Zeichnungen zu richtigem Handeln imstande bist.
2. Ordne die JA- und NEIN-Aussagen den entsprechenden Darstellungen zu und überlege, welche informativen Mehrwert sie dadurch erhalten.

1. Ordne den Wortzeichen die Bildzeichen zu und überlege, warum solche Piktogramme „internationale Verständigung“ ermöglichen.
2. Stelle andere Zeichengruppen zusammen oder erfinde selbst solche Bildzeichen.

Frühlingszeichen

Obgleich der März als windiger Monat gilt, wird der Winter doch eigentlich nicht weggeblasen, sondern weggespült. Er rinnt von den Bergen, läßt die Flüsse anschwellen und verliert sich schließlich im Meer. Wie so viele Grundbestandteile dieser Erde ist auch der Winter in Wasser löslich.
Man hört es rieseln, wenn die Nachmittagssonne an den Südhängen den Schnee zum Schmelzen bringt. Die Kuhlen in den Wiesen verwandeln sich in Morast, und das überquellende Wasser bildet tausend feine Rinnsale, die sich gurgelnd zu Schmelzbächen vereinigen. Auch die Bäche schwellen an, lecken das Eis von ihren felsigen Ufern und ergießen sich in die Flüsse. Ihre Eisdecke löst sich in Schollen auf und bewegt sich knirschend und knarrend mit der reißenden Strömung zu Tal.

Die Welt trieft vor Nässe, wenn das harte Regime des Winters zu Ende geht. Allenthalben entlang der Landsstraßen sieht man Wasser blinken. Die Äcker sind aufgeweicht, die Erde löst sich aus ihrer Froststarre. Ein Eiszapfenbart an einem vorspringenden Böschungsrand ist zu einer Quelle geworden. Unter ihm hat sich ein seichter Tümpel gebildet, der einen langsam wachsenden Bach speist.

Der Wind hilft mit, aber die Hauptarbeit leistet das Wasser. Schließlich regiert ja der Planet Neptun die Jahreszeit, und die Fische sind ihr Tierkreiszeichen.

New York Times

INFO 23: Textzusammenhang

1. Jeder Text bezieht sich auf eine „Wirklichkeit“ und ist an eine Sachlage gebunden.
2. Jeder Text wird von einem Sprecher oder Schreiber hervorgebracht und ist an einen Hörer oder Leser gerichtet.
3. Jedem Text liegt ein Sachverhalt zugrunde und ist eine Sprachgestalt eigen.
4. Jeder Text wird von einer Mitteilungsabsicht getragen und bringt eine Wirkung hervor.
5. Einheit und Zusammenhang erhält der Text durch
   - seine raum-zeitliche Lage (Situation)
   - seinen gedanklichen Gehalt (Information)
   - seine sprachliche Gestalt (Konstruktion)
   - seine rednerische Absicht (Intention)

Frühlingszeichen

Wortbezeichnungen für die Gegenstandsbegriffe

Flüsse
Meer
Wasser
Schnee
Morast
Rinnsal
Schmelzbach
Bäche
Eis
Flüsse
Eisdecke
Schollen
Strömung
Nässe
Wasser
Froststarre
Eiszapfenbart

★

Wortbezeichnungen für die Tätigkeitsbegriffe

wegspülen
rinnen
anschwellen
rieseln
lecken
ergießen
auflösen
triefen
blinken
aufweichen
speisen

★

Wortbezeichnungen für die Eigenschaftsbegriffe

löslich
überquellend
gurgelnd
reißend
seicht

ARBEITSAUFTRAG

1. Lies den Bericht über „Frühlingserwachen“ und notiere die bezeichneten Ausdrücke als verbale Wortketten: Winter wegspülen, vom Berg rinnen, usw.
2. Stelle gemeinsame Bedeutungsmerkmale der WASSER-Wörter zusammen: wegspülen = mit Flüssigkeit entfernen, rinnen = schnell fließen.

1. Bilde Sätze mit den Nomen, Verben und Adjektiven.
2. Ergänze die 3 Wortfelder durch weitere Ausdrücke.

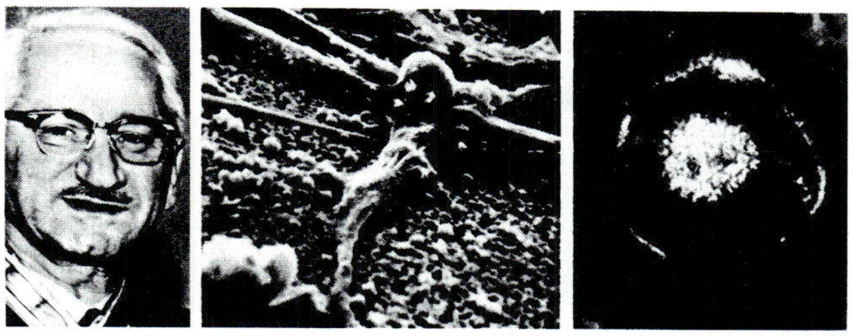

So klein ist der Todfeind

Das Herpes-Virus (ganz rechts), nur zwei zehntausendstel Millimeter klein, ist schuld am Wuchern der Krebszellen (Mitte); das bewies Dr. Albert Sabin (links), der Entdecker der Polio-Schluckimpfung.

Der erste Füllhalter für den ABC-Schützen

zum Schreibturnen mit der Faserspitze – zum Schönschreiben mit der Schreibfeder

Faserminenwechsel
Behälter abschrauben und leere Mine herausnehmen, Ersatzmine in Behälter einlegen. Behälter und Vorderteil fest verschrauben.

Patronenwechsel
Behälter abschrauben, leere Patrone herausziehen (1), Ersatzpatrone in Vorderteil einsetzen (2), neue (oder leere) Patrone in Behälter stecken und diesen fest aufschrauben.

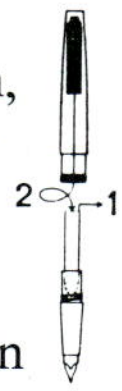

Bitte beachten!
Damit Schreibspitzen (Feder bzw. Faserspitze) nicht austrocknen und jederzeit schreibbereit sind, abdichtende Schutzkappe bei dem nicht in Gebrauch befindlichen Schreibgerät fest aufdrücken.

»GUT und SCHÖN«

Wir nehmen Erde.
Wir bereiten sie auf.
Wir geben der aufbereiteten Erde eine Form.
Und brennen sie.
Damit die Form schöner aussieht, tragen wir Farben auf. Diese Farben schützen wir.
Mit einer harten Glasur.

Das machen wir seit mehr als 200 Jahren . . .
In Deutschland.
In Luxemburg.
In Frankreich. In Italien.
In der Schweiz.
Und weil wir das besonders gut machen, sind wir heute der größte Keramikhersteller in Europa.

Villeroy & Boch bringt das große Sortiment.
Fliesen – Sanitärkeramik – Geschirr – Kristall

Der Textzusammenhang: Mitteilungsabsicht und Sprachgestaltung

Maria Becker-Meisberger
Was tun Giovanni?

Donnerstag 10 Uhr
Auf dem Weg in die Stadt
An eine Hauswand gelehnt
eine kleine Gestalt
Daneben eine Kanne mit Öl
Giovanni (9)
Keine Schule heute
Doch

Im Hauseingang Nr 10
Wartet Enzo (12) der Bruder
Keine Schule heute
Doch
Warum bist du nicht drin
Es hat geregnet vor acht

In der Küche Mama mit den Kleinen
Warum ist Maria (6) nicht im Kindergarten
Sie hat geschlafen bis zehn
Was ist mit Lorenzo (4)
Er geht nicht allein
Nur Fiorella (7) ist weg
Sie geht ganz allein
Sachliche Belehrung
Eindringliche Bitte

Freitag
Ein Wunder
Enzo und Giovanni in der Schule
Fiorella sowieso
Maria und Lorenzo im Kindergarten
Kein Wunder
So wirken ermunternde Worte
. . .

ARBEITSAUFTRAG

1. Betrachte die einzelnen Textformen unter den Gesichtspunkten von Textzusammenhang, Mitteilungsabsicht und Sprachgestalt.
2. Formuliere fortlaufende Texte daraus und vergleiche beide Fassungen.

1. Lies die Notizen über Gastarbeiterkinder.
2. Ergänze die „unvollständigen" Sätze darin und bewerte die unterschiedlichen Darstellungsweisen im Sinne der Textbetrachtung.
3. Die Schlußzeilen des Gedichts fehlen: Wie könnten sie lauten?

Die Gans

Die Gans (1)

Die Federn einer Gans beschämten den neugeborenen Schnee. Stolz auf dieses blendende Geschenk der Natur, glaubte sie eher zu einem Schwan als zu dem, was sie war, geboren zu sein.
Sie sonderte sich von ihresgleichen ab und schwamm einsam und majestätisch auf dem Teich herum.
Bald dehnte sie ihren Hals, dessen verräterischer Kürze sie mit aller Macht abhelfen wollte.
Bald suchte sie ihm die prächtige Biegung zu geben, in welcher der Schwan das würdigste Ansehen eines Vogels des Apollo hat.
Doch vergebens; er war zu steif, und mit aller ihrer Bemühung brachte sie es nicht weiter, als daß sie eine lächerliche Gans ward, ohne ein Schwan zu werden.

Gotthold Ephraim Lessing, 1759

Die Gans (2)

Die Federn einer Gans waren weißer als frischgefallener Schnee.
Deshalb war ihr „Gans“ zu sein zu gewöhnlich. Sie beschloß, Schwan zu werden.
Darauf verließ sie die Gänse.
Sie benahm sich auf dem Wasser wie ein Schwan. Einerseits versuchte sie, ihren Hals zu verlängern. Andererseits wollte sie ihren Hals prächtig biegen.
Aber alles war umsonst: Sie wurde kein Schwan, ja sie machte sich sogar lächerlich bei den Gänsen.

Die Gans (3)

Überaus weiße Federn einer Gans.
Stolz der Gans.
Entschluß, Schwan zu werden.
Entfernung von den Gänsen: Schwan-Verhalten.
Versuch, Hals zu verlängern.
Versuch, Hals zu biegen.
Ergebnislosigkeit der Versuche.
Lächerlichkeit der Gans.

Die Gans (4)

Aussehen
Eitelkeit
Maßnahmen
Scheitern
Lächerlichkeit

Schülerfabeln

Sonne und Eiszapfen

Die Sonne beginnt am Morgen zu scheinen.
Sie sieht einen Eiszapfen und sagt:
„Guten Morgen, Eiszapfen!“
„Auf Wiedersehen, Sonne“, erwidert der Eiszapfen — und geht langsam, aber sicher, ein.

Zwei Fußballschuhe

Ein Paar Fußballschuhe streiten miteinander.
Der rechte Schuh ist abgenutzt und schäbig, der linke hingegen glänzt wie neu.
„Wie du aussiehst!“ nörgelte dieser. „Man muß sich schämen, mit dir verheiratet zu sein.“
„Schäm dich nur“, entgegnet jener, „du läufst nur mit — ich aber schieße die Tore!“

Glühbirne und Kerze

Eine Glühbirne und eine Wachskerze wetteten, wer wohl länger brennen könne.
Die Kerze, am Anfang von stattlicher Gestalt, wurde immer kleiner und unansehnlicher.
Höhnisch triumphierte die Glühbirne: „Und sowas fordert mich zum Wettstreit heraus?“
In diesem Moment machte es klick — und die Glühbirne war kaputt.

ARBEITSAUFTRAG

1. Lies die LESSING-Fabel und besprich ihren „Gehalt“ mit Mitschülern.
2. Verfolge die „inhaltliche“ Verknappung von Fassung 1 bis 4 bzw. versuche durch umgekehrte Lesung (von 4 bis 1) die gedanklich-sprachliche Entfaltung zu erfassen.

1. Lies die Schülerfabeln und suche den „Einfall“ zu beschreiben.
2. Schreibe ähnliche Fabeln nach eigner Themenstellung: Fahrrad und Motorrad, Vogel und Flugzeug, Schuh und Stiefel, Feldhase und Stallhase, Stuhl und Sessel . . .

Textverkettung

. . . Nun zu Ihrer zweiten Frage: dazu möchte ich nur soviel sagen: unsere Fraktion hält die vorgeschlagene Lösung für gut. Wir sehen darin eine Möglichkeit, die Lage zu verbessern. Deshalb ist auch unsere Zustimmung im Parlament sicher. Ich möchte aber noch eins hinzufügen: wir sind der Ansicht, daß hiermit nur ein erster Schritt getan wurde. Dies ist nach wie vor unsere Position, daran wird sich nichts ändern. Zu Ihrer dritten Frage schließlich noch folgendes: die Beratungen sind noch nicht abgeschlossen. Darum kann ich im Augenblick nocht nichts Definitives sagen. Ich halte es jedoch für wahrscheinlich, daß sich der zuständige Ausschuß schon in seiner nächsten Sitzung wieder mit diesem Problem befassen wird. Ich

werde das jedenfalls vorschlagen; und wenn ich die Stimmung richtig einschätze, wird es darauf hinauslaufen, daß Ihre Vorschläge eingearbeitet werden. So könnte die Gesetzesvorlage noch vor der Sommerpause dem Parlament zugeleitet werden.

INFO 24: Textverkettung

1. Die Sätze eines Textes sind durch bestimmte Wörter untereinander „verkettet".
2. Eine Reihe von Wörtern weist auf das zurück, was vorher gesagt worden ist:
   Dazu möchte ich folgendes sagen.
   Solche Wörter heißen zurückverweisende Verweisformen.
   Andere Wörter weisen auf das hin, was anschließend gesagt werden soll:
   Dazu möchte ich *folgendes* sagen.
   Diese Wörter heißen vorausverweisende Verweisformen.
3. Es gibt drei Arten der Textverkettung oder Textverweisung:
   - Bei der nominalen Verkettung sind Nomen mit nachfolgenden Nomen verkettet:
     Die Männer besuchten *Picasso* in seiner Villa. Sie fanden den *Maler* in der Küche.
   - Bei der pronominalen Verkettung treten Pronomen an Stelle von vorausgegangenen Nomen auf.
     Die Männer besuchten Picasso in seiner Villa. *Sie* fanden ihn in der Küche.
   - Bei der adverbalen Verkettung ersetzen Adverben vorausgegangene oder nachfolgende Wörter, Satzglieder oder Sätze.
     Sie fanden den Maler *in der Küche. Dort* sprachen . . .

Verkettungsformen

A. Zurückverweisungen

dieser
jener
derselbe
ebenderselbe
ersterer
letzterer
er
sie
es
der
die
das
dort
da
darin
darauf
daran
dabei
derartiges
so etwas
darum
dies
dazu
so
hiermit

B. Vorwärtsverweisungen

folgendes
darauf (hinauslaufen)
soviel (sagen)
es
das
so
eins
derjenige
das eine
dies

ARBEITSAUFTRAG

1. Überlege genau, worauf sich die pfeilmarkierten Wörter beziehen und bestimme die Art der Verweisung.
2. Lies den Text ohne die „Verkettungswörter" bzw. ersetze die „kleinen Wörtchen" durch größere Umschreibungen. Beurteile Wert und Wirkung der Verweisformen.

1. Lies die jeweiligen Verweisformen und schreibe kleine Texte (von mindestens 2 Sätzen), in denen ihre Funktion deutlich wird.

A:
Besuch bei Picasso

Eines Abends kamen einige ältere Männer in die alte Villa, in der Picasso wohnte. Das Haus war offen. Sie fanden den Maler schließlich in der Küche vor einer großen Drahtfigur stehen. Daneben hatte er alte Blechdosen gestapelt. Gerade war er damit beschäftigt, eine der Dosen an der Figur festzumachen. Als er die Eindringlinge bemerkte, drehte sich der alte Mann zu ihnen um und fragte, ob sie vielleicht noch Draht für ihn hätten. Darauf erwiderte der eine, daß sie welchen dabei hätten, und ein anderer zog gleich eine Rolle aus der Tasche und fragte, ob es solcher sein solle. Picasso meinte, dieser sei genau richtig. Sie machten sich zusammen sofort an die Arbeit. Bis zum nächsten Morgen hatten der berühmte Spanier und die drei Fremden einige weitere Figuren gebastelt. Anschließend trugen sie sie alle in den Nebenraum und machten sich ein Essen.

B:
Der Riesen-Orang-Utan

Hinter schweren Gitterstäben steht ein rostbrauner Koloß, menschgroß, menschenähnlich trotz der Behaarung seiner gigantischen Arme: der Orang-Utan. Er saß im Bergwald von Sumatra auf einem Baum, als ihn der Tierfänger erblickte. Und da seit Jahrzehnten ein ausgewachsener männlicher Orang nicht mehr in Europa gewesen war, durchzuckte den ehrgeizigen Mann der Wunsch, dieses Tier zu greifen. Er ließ alle Bäume der nächsten Umgebung fällen, breitete große Netze am Boden aus, legte den Nestbaum des „Waldmenschen" um und dann verfrachtete der Geschäftstüchtige das unverletzte Tier auf einen Europadampfer.
Jakob, so haben die Matrosen das Opfer des Fängers getauft, ist schätzungsweise vierzig Jahre alt, von der Fußsohle bis zum Kopf etwa 160 cm groß. Die Armspanne des gewaltigen Affen beträgt annähernd drei Meter . . .

„Sprichwörtliche" Textverkettung

1. Geben ist ein guter Bursche, aber er wird bald müde.
2. Jeder weiß selber am besten, wo ihn der Schuh drückt.
3. Wer Glück hat, dem wächst ein Zitronenbaum, wenn er einen Pfahl pflanzt.
4. Iß mit deinem Freund, aber mach keine Geschäfte mit ihm.
5. Die Mutter, die eine Tochter hat, bringt die Hand nicht aus dem Geldbeutel.
6. Geleite deinen Freund 1000 Meilen weit, einmal mußt du Abschied von ihm nehmen.
7. Besser eine Gefälligkeit unterlassen, als sie in der Hoffnung auf Entgelt tun.
8. Leih einem Geld, der es dir nicht zurückzahlt, und er wird es dir noch übelnehmen.
9. Der wahre Gelehrte fragt auch solche, die weit unter ihm stehen.
10. Der Vollkommene richtet sich nach dem, was schicklich ist, der Gewöhnliche nach dem Gesetz.
11. Es gibt Menschen, welche Fische fangen, und solche, die nur das Wasser trüben.
12. Von Wohltaten reden ist leicht, sie erweisen ist schwer!
13. Glaube nur die Hälfte von allem, was man dir erzählt!

Wer den Schaden hat, der spottet jeder Beschreibung. Wer zuletzt lacht, lacht am längsten.

ARBEITSAUFTRAG

1. Lies den Text A und beobachte, wie die markierten Wörter 3 Inhaltsfäden eröffnen und durch sprachliche Umschreibung wieder aufnehmen und fortführen.
2. Kennzeichne in Text B diese inhaltliche Grundlegung und Entfaltung in derselben Weise.

1. Lies die Sprichwörter und kennzeichne darin die Verkettungsformen und bestimme die Verweisungsart.

INFO 25: Textform/Textsorte

1. Aus der Sichtweise des Sprechers ergibt sich die Darstellungsart des Textes.
2. Der Sprecher kann bei der textlichen Äußerung zwischen der persönlichen und sachlichen Darstellung wählen.
   - Bei der persönlichen Textform kann er seine subjektive Einstellung sprachlich zum Ausdruck bringen, indem er eigene Eindrücke und Gefühle, Wünsche und Meinungen mitausdrückt.
   - Bei der sachlichen Textform hält er sich streng an die Wiedergabe des „Gegenstandes".

   Beispielsweise kann er ein vergangenes Ereignis darstellen als
   - lange zeitgeschichtliche Erzählung: STORY über die Entdeckung Amerikas;
   - kurzen geschichtswissenschaftlichen Bericht: REPORT über die Entdeckung Amerikas.
3. Von der „Machart" her gesehen, lassen sich alle Textformen in 2 Textgruppen einteilen:
   - Die „erfundenen" Texte entspringen der Einbildungskraft, die ein Schreiber besitzt. Sie stellen „reine Fiktionen" dar: fiktive Texte, wie z. B. Märchenerzählungen.
   - Die „gefundenen" Texte beruhen auf Tatsachen, die ein Schreiber vorfindet. Sie stellen „harte Fakten" dar: faktive Texte, wie z. B. Lebensgeschichten.
4. Nach unserer Texteinteilung lassen sich 5 Textformen unterscheiden, die im sprachlich-literarischen Leben als ganz bestimmte Textsorten vorkommen:
   - Beschreibung (Deskription)
   - Erzählung (Narration)
   - Darlegung (Exposition)
   - Begründung (Argumentation)
   - Anweisung (Instruktion)
5. Reine Textformen sind selten. Meist handelt es sich um Mischtexte, in denen ein bestimmter Darstellungszug überwiegt.
6. Die einzelnen Textsorten sind nach Art und Zahl verschieden und dienen den verschiedensten Zwecken.

1. Beschreibende Texte
(Deskriptive Texte)

Gegenstandsbeschreibung,
Personenbeschreibung,
Schilderung,
Reportage,
Gedicht,
Tagebuchnotiz
usw.

2. Erzählende Texte
(Narrative Texte)

Anekdote,
Märchen,
Novelle,
Drama,
Lebenslauf,
Unfallbericht,
Protokoll,
usw.

3. Darlegende Texte
(Expositive Texte)

Besinnungsaufsatz
Erörterung
Essay
Definitionen
Zusammenfassung
Interpretation
usw.

4. Begründende Texte
(Argumentative Texte)

Zeitungskommentar
wissenschaftliche Abhandlung
Forschungsreport
usw.

5. Anweisende Texte
(Instruktive Texte)

Gebrauchsanweisung
Werbetext
Regeln
Sprichwort
Vorschrift
Gesetz
usw.

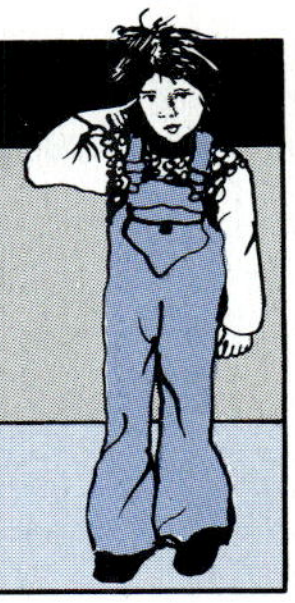

ARBEITSAUFTRAG

1. Lies den langen Informationstext aufmerksam und besprich die Einzelaussagen mit Mitschülern.
2. Erläutere an Textbeispielen die Grundbegriffe „subjektiv – objektiv" bzw. „fiktiv – faktiv".
3. Überlege, warum die Fachwörter besser sind als ihre deutschen Ausdrücke: „persönlich-sachlich" bzw. „frei erfunden – tatsächlich geschehen".

1. Lies die Texteinteilung und ergänze die Liste durch weitere Textsorten.
2. Suche Beispiele und prüfe deine Zuordnung an den genannten Maßstäben.

TEXTGRAMMATIK

TEXTBEISPIEL

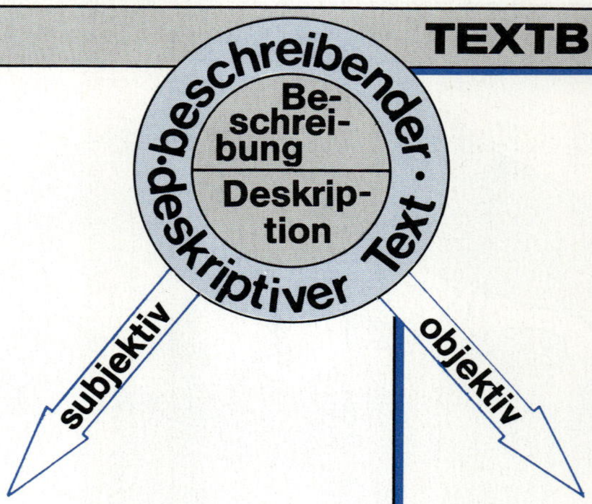

DER OHRENZEUGE

Der Ohrenzeuge bemüht sich nicht hinzusehen, dafür hört er um so besser. Er kommt, bleibt stehen, drückt sich unbemerkt in eine Ecke, schaut in ein Buch oder in eine Auslage, hört, was es zu hören gibt und entfernt sich unberührt und abwesend. Man würde denken, daß er gar nicht da war, so gut versteht er sich aufs Verschwinden. Schon ist er wo anders, schon hört er wieder hin, er weiß alle Orte, wo es etwas zu hören gibt, steckt es gut ein und vergißt nichts.

Nichts vergißt er, man muß den Ohrenzeugen sehen, wenn die Zeit gekommen ist, damit herauszurücken. Da ist er ein anderer, da ist er doppelt so dick und um zehn Zentimeter größer. Wie macht er das nur, hat er eigens hohe Schuhe zum Ausplaudern? Stopft er sich etwa mit Kissen aus, damit seine Worte schwerer und wichtiger erscheinen? Er tut nichts dazu, er sagt es ganz genau, manch einer wünscht sich, er hätte damals geschwiegen. Da sind alle diese modernen Apparate überflüssig: sein Ohr ist besser und treuer als jeder Apparat, da wird nichts gelöscht, da wird auch nichts verdrängt, es kann so schlimm sein wie es will, Lügen, Kraftworte, Flüche, Unanständigkeiten jeder Art, Schimpfworte aus abgelegenen und wenig bekannten Sprachen, selbst was er nicht versteht, merkt er sich genau und liefert es unverändert aus, wenn es gewünscht wird.

Der Ohrenzeuge ist durch niemanden zu bestechen. Wenn es um die Nützlichkeit geht, die er allein hat, nähme er keine Rücksicht auf Frau, Kind oder Bruder. Was er gehört hat, das hat er gehört, daran könnte kein Herrgott rütteln. Aber er hat auch menschliche Seiten, und wie andere ihre Feiertage haben, an denen sie sich von der Arbeit ausruhen, läßt er manchmal, wenn auch selten, die Klappen über seine Ohren fallen und verzichtet auf die Speicherung von Gehörtem. Das geschieht ganz einfach, indem er sich bemerkbar macht, er blickt den Leuten ins Auge, was sie unter solchen Umständen sagen, ist ganz uninteressant und reicht nicht dazu aus, sie ans Messer zu liefern. Wenn er die Geheimohren abgelegt hat, ist er ein freundlicher Mensch, jeder traut ihm, jeder trinkt gern mit ihm ein Glas, harmlose Sätze werden gewechselt. Niemand ahnt dann, daß es der Henker persönlich ist, mit dem er spricht. Es ist nicht zu glauben, wie unschuldig Menschen sind, wenn sie nicht belauscht werden.

Wohin mit alten Zeitungen

Dieser praktische Papierstapler faßt etwa 6–8 kg Papier oder 75 Tageszeitungen. In die Grundplatte aus schwarzem Kunststoff sind eine Rolle mit über 50 m Schnur und ein Messerchen zum Abschneiden eingelassen. Ein Schema auf der Platte zeigt, wie die Schnur zu den Chromstahlstäben geführt werden muß. Das Verschnüren der gestapelten Zeitungen ist im Nu erledigt. Mit dem verpackten Gerät erhalten Sie eine genaue Anleitung.

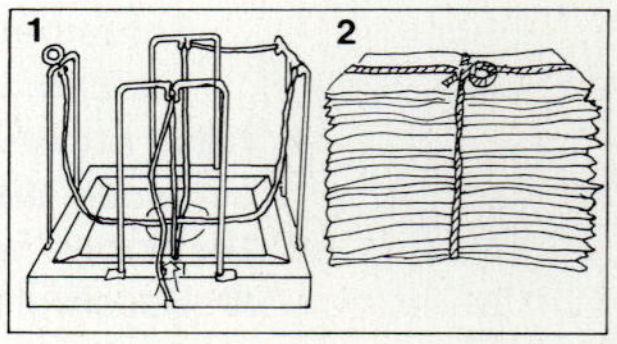

ARBEITSAUFTRAG

1. Lies die Beschreibung der „erfundenen" Person und besprich den Text nach den Betrachtungsgesichtspunkten von Seite 52 (Kommunikationsschema).
2. Vergegenwärtige dir, wie Gestalt, Verhalten und Eigenschaften des „Ohrenzeugen" beschrieben sind.

1. Lies die Gegenstandsbeschreibung und vergleiche Text und Zeichnung.
2. Fertige selbst eine ähnliche Beschreibung an (Bild, Möbel, Gebrauchsding usw.).

Aufstand der Zugtiere

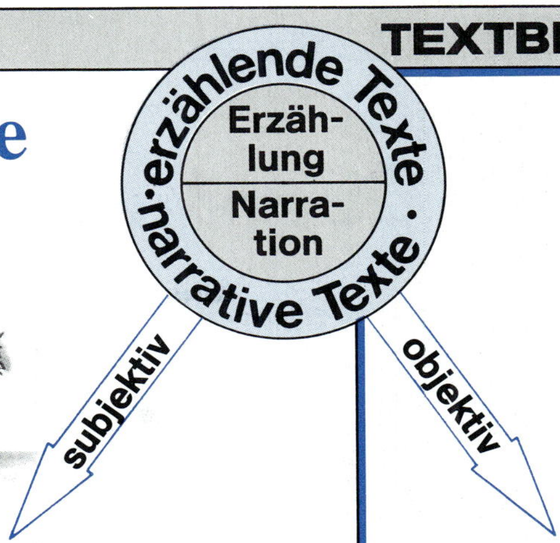

Vor dem Fuhrwerk trottete die Kuh, und der ungeschlachte Ochs zog die klobige Karre aus dem tiefsten Dreck. In der Schere des Einspänners trippelte der Esel, und das edle Pferd schritt stolz vor der würdigen Kutsche. Es waren Zeiten friedlichen Fortkommens.

Doch dann kam die große Revolution. Unter den Intellektuellen der Zugtiere, in der Pferde Hirn, wurde die Idee des Aufstandes geboren, und in den Köpfen von Ochs, Esel und Kuh wuchs die Empörung heran. Zugtier erhob sich gegen Fahrzeug. Der Verkehr erlahmte, und die Räder standen still. Das Pferd schlug über die Stränge und zerriß sein Geschirr, während der Ochs aus des Fuhrwerks Sielen trat, der Esel die Wagendeichsel verließ und die Kuh ihr Joch abschüttelte. Es gelang, die Erhebung niederzuschlagen. Die Fahrzeuge erließen einen Aufruf, wonach jedes Zugtier an seine Arbeitsstelle zurückzukehren habe. Nur das Pferd als der Anstifter des Aufruhrs wurde wegen umstürzlerischer Machenschaften zum Tode verurteilt und unter das Fallbeil gebracht.

Es war da aber ein durch die Wogen der Zeit hochgetragener Emporkömmling namens Technik, der der Urteilsvollstreckung beiwohnte. Er kaufte die Seelen der Hingerichteten. So sehr man sich auch über den seltsamen Handel wunderte, Herr Technik wußte genau, was er tat. Zu Dutzenden aneinander gefesselt, mit der würdelosen Abkürzung PS gebrandmarkt, pferchte er die Pferdeseelen in den dunklen Kerker einer Erfindung, der er den Namen Motor gegeben hatte. Dort mußten die gefangenen PS niedrigste Sklavenarbeit verrichten. Die zugtierlose Kutsche erwarb sich diesen geheimnisvollen Motor, von dem es hieß, daß er jedes Fahrzeug, das ihn trage, fortbewege.

Die Kutsche, durch Fortschritt und Tempo hochnäsig geworden, verleugnete bald Herkunft und Name und ließ sich fortan nur noch Auto nennen. Das unselige Pferd jedoch geriet mehr und mehr in Vergessenheit. Aber seine Seele, die Pferdestärke, schmachtet noch immer in der Hölle des Motors, und nur ab und zu, in den kurzbemessenen Ruhepausen, träumt es von den Tagen einstiger Dienerherrlichkeit im Vorspann der Kutsche. Gewiß, so kann man dann vernehmen, damals gab es die Peitsche, die unerbittlich schlug; doch heute ist es das Gaspedal: Mit Füßen wird man getreten.

Ein Kater geht in die Schule

Wenn die Erstkläßler morgens ins Klassenzimmer stürmen, folgt ihnen ein vierbeiniger Schulkamerad: ein grau-weißer Kater. Seit ihn die Lehrerin eines Morgens mitleidig gefüttert hat, versäumt „Charly" nicht einen einzigen Schultag. Während die Kinder brav ihre Hefte aus den Ranzen holen, verzehrt Charly erst einmal behaglich sein Frühstück und macht es sich anschließend in einer Ecke des Klassenzimmers gemütlich. Die Pausen verbringt er mit den Kindern auf dem Schulhof, und nach Schulschluß verschwindet er sang- und klanglos. Am nächsten Morgen wird sich der Kater pünktlich wieder einstellen. Die Lehrer sehen lächelnd zu. Wie schön, daß es in einer „Lernfabrik" noch so menschlich zugehen kann . . .

ARBEITSAUFTRAG

1. Lies die ERZÄHLUNG über den „erfundenen" Aufstand der Tiere und besprich den Text nach den Betrachtungsgesichtspunkten von Seite 52. Fertige eine Inhaltsangabe an.
2. Kennzeichne die Geschichte nach Aufbau und Spannung, Anschaulichkeit und Lebendigkeit.

1. Lies den Text und fasse den Vorfall in wenigen Worten zusammen.
2. Erzähle ein ähnliches, eigenes Erlebnis.

TEXTGRAMMATIK **TEXTBEISPIEL**

Sprechen – Reden – Überzeugen

Wer? Was? Wann? Wo? Warum? Wozu? Wie?
Ein Ereignis in Beantwortung dieser Fragen beschrieben gibt einen treffenden Bericht. Mit diesen Fragen kann man sich auch in einen Wissensstoff einarbeiten bzw. einzelne Begriffe klären. Nehmen wir als Beispiel den Begriff „Rhetorik" und klären ihn mit diesen Fragen:

- Was ist Rhetorik?

Rhetorik = Redekunst ist die Fähigkeit, zur rechten Zeit wirkungsvoll das Notwendige zu sagen, unabhängig davon, wie groß die Hörerzahl ist.

- Wann wird Rhetorik gebraucht?

Immer dann, wenn man seinen eigenen Gedanken eine wirkungsvolle sprachliche Form geben will, bzw. einer Gruppe von Menschen durch das gesprochene Wort seine Anschauung darlegen muß.

- Wo wird Rhetorik eingesetzt?

In der Betriebsversammlung, der Diskussionsrunde, bei Fachvorträgen, bei Familienfeiern, Besprechungen im größeren Kreis, im Missionsdienst.

- Wer braucht Rhetorik?

Eigentlich jeder, der höherkommen will oder schon eine exponierte Stellung bekleidet. Besonders Pädagogen, Geistliche, Juristen, Politiker, Wissenschaftler, kurz jeder, der seine Gedanken frei vortragen möchte.

- Warum Rhetorik?

Weil die Form wesentlich die Redewirkung bestimmt. Jeder Redeinhalt kommt erst in der guten Redeform zur Geltung. Ohne die gute rhetorische Form kann man nicht beeiflussen oder gar begeistern.

- Wozu Rhetorik?

Geht schon aus dem Vorhergesagten hervor: Um die eigenen Gedanken im Mitmenschen widerhallen zu lassen, um überzeugend darzustellen und zum Handeln im Sinne des Rhetors zu veranlassen.

- Wie erwirbt man sich rhetorische Fähigkeit?

Durch Rednerschulung, in der man das Wissen erwirbt, und durch ständige Übung in der Praxis.

Musik erleben

Musik, von der ich spreche, ist nicht jene Hintergrundmusik, die, vermittelt durch Radio, Fernsehen, Schallplatten, Kassetten, Euch durch den Tag begleitet. Sie stumpft das Ohr und die Sinne eher ab. Musik kann man nur beim genauen Hinhören oder besser noch beim eigenen Musizieren zu Hause, in der Schule, allein oder in Gemeinschaft erleben. Das ist ein großes Abenteuer und eine große Chance. Nicht zufällig sprechen die Politiker gern vom Konzert der Völker. „Concertare" bedeutet nicht, miteinander zu streiten, sondern miteinander zu wetteifern um mehr Begeisterung, Phantasie, Kreativität und Gemeinsamkeit. Nur wenn sie sich gegenseitig in ihren Eigenarten als gleichberechtigt anerkennen, kann geistige und politische Gemeinschaft entstehen. Diese Erfahrung kann die Jugend Europas beim gemeinsamen Muszieren machen.

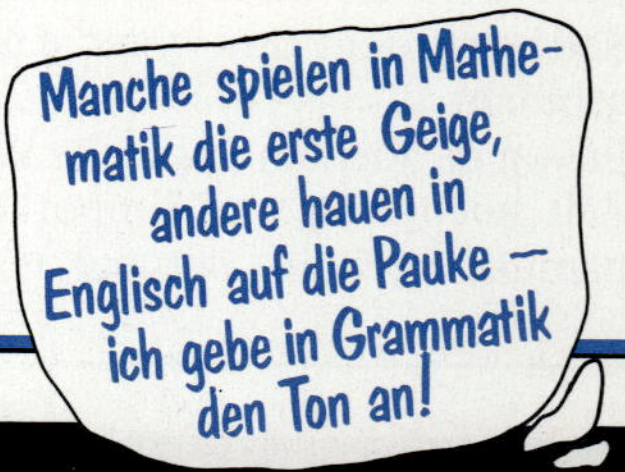

ARBEITSAUFTRAG

1. Lies die DARLEGUNG und beurteile Art und Wert des Gliederungsschemas.
2. Versuche nach den W-Fragen andere Begriffe zu klären: Schülermitverwaltung, Drogensucht usw.

1. Lies die „Wertschätzung" der Musik und mache dir die „persönliche Note" der Schreibweise klar.
2. Schreibe im selben Stil über dein Hobby.

FÜR und WIDER die WERBUNG

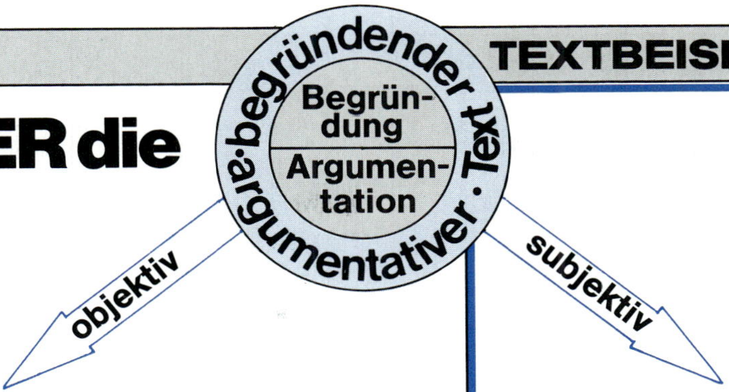

Die Werbung ist heutzutage der größte Vermittler zwischen dem Erzeuger und Verbraucher. Sie hilft die Erzeugnisse verkaufen: sie muß erstens ein Erzeugnis oder eine Leistung bekanntmachen oder bekannthalten, und sie muß zweitens den Verbrauch der Ware fördern, für sie werben im eigentlichen Sinn. Es gibt Beispiele dafür, daß das Wirtschaftsleben ohne Werbung durch Anzeigen stagniert.

Die Werbung ist seit ihren Anfängen heftiger Kritik ausgesetzt gewesen. SOMBART nannte die Werbefachleute „aufdringliche schwatzhafte Profitjäger", die Werbung einen „lepraartigen Ausschlag" und forderte, die Staatsgewalt solle dagegen mit starker Hand eingreifen.

PACKARD behauptet, die Bürger würden von geschäftstüchtigen Unternehmern und ihren „Verführern" auf tiefenpsychologischem Wege „manipuliert" und die gleichen Methoden fänden Eingang in die Politik. PACKARD verurteilt schon den Versuch, Menschen einem fremden Willen zu unterwerfen, indem wissenschaftlich gewonnene tiefenpsychologische Einsichten ausgenutzt werden. Dem widerspricht Ernest DICHTER, einer der bedeutendsten und erfolgreichsten Werbefachleute der Gegenwart. Er möchte, daß sich die Menschen in den Überschuß produzierenden Ländern moralisch auf einen reichen und unbedenklichen Gebrauch von Gütern einrichten. Er sucht nach Mitteln und Wegen, die Menschen von den traditionellen Schuldgefühlen zu befreien, die ihnen beim Genuß von Wohlstand und Überfluß im Wege stehen. Die menschlichen Bedürfnisse sollten auf immer größere Bequemlichkeit und Leichtigkeit des Lebens ausgerichtet werden. Die Freiheit von der Notdurft des Lebens mache den Menschen frei zu großen geistigen Leistungen.

Die Proteste gegen die Werbung und die Verteidigung der Werbung sind alle gleichermaßen heftig. Der englische Geschichtsphilosoph TOYNBEE hat erklärt, die Zukunft des Abendlandes hänge mehr ab vom Kampf gegen die größten Werbeagenturen als vom Kampf gegen den Kommunismus. HUNDHAUSEN, ein deutscher Wirtschaftstheoretiker, hält die Werbung für eines der schärfsten und unerbittlichsten Mittel der Leistungsauslese.

ZEIT-Kommentar

Zum dritten Mal seit 1968 streiken die Flugsicherungslotsen in der Bundesrepublik. Die Funktionäre des „Verbandes deutscher Flugleiter" überreizen ihr Spiel. Sie befehligen 800 Beamte und Angestellte des gehobenen Dienstes, die kraft dienstlicher Ermächtigung bestimmen können, wie lange ein Düsenriese kreisen und wie lange er auf Starterlaubnis warten muß. Solcher Kommandogewalt über Menschen und Maschinen wohnt Möglichkeit und Versuchung zum Mißbrauch inne. In Wahrheit ist der Lotse dem Schrankenwärter vergleichbar, der die Autoschlange eine Viertelstunde lang warten läßt, nachdem der Zug seine Schranke passiert hat. Die Anlässe für den Bummelstreik der Controller auf unseren Flughäfen stehen mittlerweile in keinem Verhältnis mehr zu ihrer unerträglichen Wirkung. Es war höchste Zeit, ihnen klarzumachen, daß ihre Funktionäre nicht nur disziplinierbar, sondern daß sie auch ersetzbar sind. Der Verkehrs- die Jugend Europas beim gemeinsamen Musizieren machen.

ARBEITSAUFTRAG

1. Lies den wissenschaftlichen Text über die Werbung und betrachte dabei Aufbau und Art der Beweisführung.
2. Unterstreiche die nominalen Stilelemente und stelle die Hauptbegriffe listenartig zusammen.

1. Lies den ZEIT-Kommentar und vergleiche diese journalistische Argumentation mit der wissenschaftlichen.
2. Gib einen mündlichen oder schriftlichen „Meinungsbericht" über ein politisches oder kulturelles Tagesereignis.

TEXTGRAMMATIK

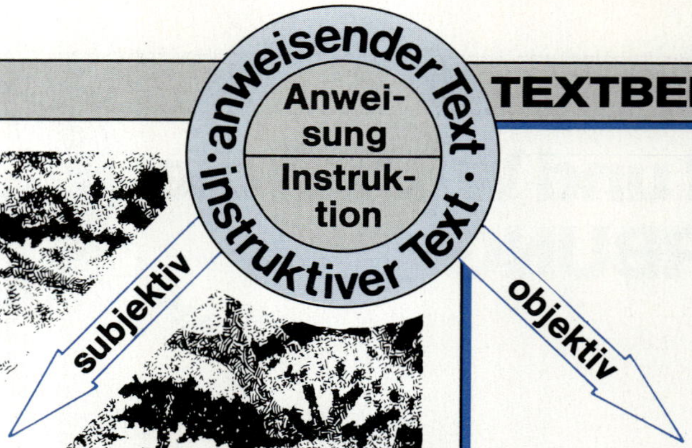

TEXTBEISPIEL

Lieber Mensch,

weißt Du eigentlich,
wie sehr Du mich
brauchst? Weißt Du, daß ein Baum
wie ich in einer Stunde mehr als zwei
Kilo giftiges Kohlendioxyd schluckt?
Und mehr als zwei Kilo
lebensnotwendigen Sauer-
stoff spendet?
Weißt Du, daß ein Hektar Fichtenwald
rund 32 Tonnen Staub unschädlich
macht? Und daß deshalb ein Baum der
billigste, natürlichste und wirksamste
Luftfilter für dich ist?
Deine grüne Lunge? Weißt Du
auch, daß Du diese grüne Lunge
dringender zum Atmen brauchst
als je zuvor?
Du kannst das alles nicht wissen.
Warum sonst hackst Du ganze
Landstriche kahl? Warum sonst kippst Du
Müll in den Wald und läßt mich im Dreck
ersticken? Warum wehrst Du Dich nicht, wenn
die Menschen in Deiner Stadt Deiner grünen Lunge
die Luft abdrehen wollen?
Du rettest mich nicht, wenn Du einmal im Jahr
„O Tannenbaum" singst. Du kannst mir nur
helfen, wenn Du wirklich um mich kämpfst.
Wehre Dich in Zukunft, wenn in Deiner Stadt
wieder Bäume sterben sollen. Schließe Dich
mit anderen zusammen.
Hilf mir, damit auch ich Dir helfen kann.

Dein Baum

Auf und nieder

Streckhocke

Hocken mit geschlossenen Beinen. Hände vorn auf den Boden stützen.
Gewicht auf Hände verlagern.
Knie strecken – und zurück.
8 mal.

Kniefeder

Mit gegrätschten Beinen stehen und die Hände hinter dem Nacken falten.
Beide Ellenbogen gleichzeitig 3mal zum rechten Knie feder, 3mal zum linken.
3mal.

Tiefspanner

Leicht gegrätscht stehen.
Ellenbogen fassen.
Oberkörper locker nach unten hängen lassen.
Knie beugen.
Mit Ellenbogen und Becken Richtung Fußboden federn.
8mal.

Blitzhocke

Mit geschlossenen Beinen aufrecht stehen.
Blitzschnell in die Hocke gehen und die Knie umarmen.
Wieder aufrecht stehen.
6mal.

ARBEITSAUFTRAG

1. Lies die ANWEISUNG und suche herauszufinden, wodurch der Aufforderungscharakter dieses Textes sprachlich hervorgerufen wird.
2. Fertige selbst einen „Werbetext" an.

1. Lies die Handlungsanweisung fürs Fitbleiben.
2. Gib selbst Tips, mach Vorschläge oder formuliere Regeln für bestimmtes Verhalten, erfolgreiches Handeln oder wünschenswerte Zustände.

Kommentare, Kommentare

1. Ein junge Frau geht in ein Fachgeschäft und setzt zur Äußerung eines Kaufwunsches an. Der Verkäufer fällt ihr ins Wort und sagt: „Bedaure, wir haben heute schon Feierabend". Die Frau dreht sich brüsk um und schlägt beim Hinausgehen die Ladentür hinter sich zu, daß die Scheiben klirren.
2. Auf dem Gehsteig vor dem Geschäft steht ein junger Mann. Er hat das Verhalten der Frau beobachtet und zieht, als sie an ihm vorbeirauscht, in anzüglicher Weise die Luft durch die Lippen, daß es pfeift.
3. Die Frau beginnt zu laufen, um den Autobus zu erreichen, der gerade an der Haltestelle vorgefahren ist. Doch der Schaffner hat die Türen geschlossen, bevor die Frau den Bus erreicht. Sie trommelt gegen das Karosserieblech, der Bus fährt ohne sie ab. Da ruft die Frau empört: „Das ist eine Rücksichtslosigkeit!"
4. Ein anderer zuspätkommender Fahrgast spricht die Frau an und sagt sympathisierend: „Die Schaffner tun, als ob die Fahrgäste für sie da wären. Dabei ist es doch umgekehrt". Die Frau erwidert: „Daß die Schaffner für die Fahrgäste da sind, vergessen sie immer als erstes".

INFO 26: Textbemerkung

1. Zu Handlungen oder Aussagen kann man Stellung nehmen, indem man eine sprachliche Bemerkung macht oder einen wortlosen Kommentar abgibt.
2. Beispiele für Wortkommentare sind die Zu- oder Zwischenrufe in Versammlungen: Bravo! Richtig! Pfui!
   Beispiele für Zeigekommentare sind Geräusche, Gebärden oder Bilder: Stirntippen, Händeklatschen, Plakattragen.
3. Eine Bemerkung stellt eine Aussage, Frage oder Aufforderung in einen bestimmten Sachzusammenhang:
   A: Angelika hat Gitarre geübt. B: Das stellte ich fest.
4. Eine Bemerkung stellt eine Aussage, Frage oder Aufforderung in einen bestimmten Wertzusammenhang:
   A: Angelika hat Gitarre geübt. B: Das ist lobenswert.
5. Die Bemerkung kann in 2 Satzformen auftreten:
   – in der Daß-Ergänzung
   A: Ich bin krank gewesen. B: Daß du krank gewesen bist, ist schade.
   – in der Das-Ergänzung
   A: Ich bin krank gewesen. B: Das ist schade.

Formen des Bemerkens

A. **Nichtsprachliche Zeichen**

— als Gebärden

Abwinken
Wegdrehen
Kopfschütteln
Stirnrunzeln
Stirntippen
Nasenrümpfen
Augenzwinkern
Faustballen
...
...

— als Geräusche

Pfeifen
Zischen
Buhen
Klatschen
Trampeln
Trommeln
Händereiben
Fingerklacken
...

B. **Sprachliche Zeichen**

— als Wörter

Pfui!
Hört, hört!
Igitt!
Bravo!
Fein!
...

— als Sätze

Das ist ja unerhört!
Das ist unzumutbar!
Daß er das gesagt hat, war eine Entgleisung.
Daß er so entgleist ist, ist bedauerlich.

ARBEITSAUFTRAG

1. Lies die 4 Textbeispiele für Kommentierung und bestimme die Art der jeweiligen Bemerkung.
2. Denk dir entsprechende andere Beispiele für Textkommentare aus.

1. Lies die Formen sprachlicher und nichtsprachlicher Kommentare und ergänze die Liste der Bemerkungsformen.
2. Überlege, in welchen Situationen solche Kommentare gegeben werden können.

Wenn ich mir eine Bemerkung erlauben darf...

BEHAUPTUNGSSATZ	z. B. Schüler, Johann, Angelika	Ich habe meine Hausaufgaben leider auf dem Schreibtisch liegen lassen.	BEMERKUNGSSATZ	z. B. Lehrer, Vater, Freund	Naserümpfen, Brauenhochziehn, Lippenspitzen, Stirntippen, usw.	Kommentar ohne Worte	Gebärde
					durch die Zähne zischen, Pfeifen, Husten, Spucken, leises Lächeln.		Geräusch
					Sieh an! Haha! Pfui! Na ja! Bah! Hm! Typisch! Merkwürdig!	Kommentar mit Worten	Ausrufe-Wort
					Das ist bedauerlich (ärgerlich, typisch, merkwürdig, bezeichnend).		Das-Satz
					Daß du deine Hausaufgaben schon wieder vergessen hast, ist typisch (bedauerlich, ärgerlich).		Daß-Satz
KLÄRUNGSSATZ	z. B. Lehrer, Vater, Freund	Hast du überhaupt dein Lesebuch dabei?	BEMERKUNGSSATZ	z. B. Schüler, Karin, Rolf	Achselzucken, Naserümpfen, Lächeln, Fingerklicken	Kommentar ohne Worte	Gebärde
					durch die Zähne zischen, Stöhnen, schwer atmen.		Geräusch
					Schon möglich! Nein! Ja doch! Was Sie nicht fragen! Denk schon.	Kommentar mit Worten	Ausrufe-Wort
					Das ist nicht der Fall. Das ist schon möglich. Das ist sicher.		Das-Satz
					Daß ich mein Lesebuch dabei habe, ist doch klar. Daß ich mein Lesebuch dabei habe, möchte ich bezweifeln.		Daß-Satz
AUFFORDERUNGSSATZ	z. B. Lehrer, Vater, Freund	Schreib dir doch deine Sachen immer alle auf!	BEMERKUNGSSATZ	z. B. Schüler, Hans, Petra	Grinsen. Ironisch lächeln. Erstaunt tun. Ärgerlich abwinken.	Kommentar ohne Worte	Gebärde
					Buhen. Zungenschnalzen. Klatschen. Trampeln.		Geräusch
					Gut! Was solls? Quatsch! Nein danke! Jajaja! Vielleicht!	Kommentar mit Worten	Ausrufe-Wort
					Das geht nicht. Das ist unzumutbar. Das ist verrückt.		Das-Satz
					Daß ich immer alles aufschreiben soll, ist unmöglich.		Daß-Satz

A.

1. Behauptungen

- Anne hat Birgit beim Lehrer verpetzt.
- Bernd ist wieder nicht pünktlich gekommen.
- Doris hilft Karin regelmäßig bei den Hausaufgaben.
- Der Lehrer bestimmt immer den Klassensprecher.

. . .

2. Bemerkungen

- Das ist ein starkes Stück.
- Das hab ich mir doch gleich gedacht.
- Das ist großartig.
- Das ist undemokratisch.

. . .

B.

1. Wort-Kommentare

- Schäbig!
- Ganz klar!
- Famos!
- Herrlich!
- Irre!
- Prima!

. . .

2. Satz-Kommentare

- Daß Anne diese Meinung vertreten hat, finde ich toll.
- Daß Jan so schnell schwimmen gelernt hat, ist erstaunlich.
- Daß Herr Meyer diese Arbeit übernommen hat, ist bewundernswert.
- Daß wir diesen Urlaubsort gewählt haben, war richtig.
- Daß du dabei Fehler machst, ist klar.

ARBEITSAUFTRAG

1. Schau dir die Tabelle mit den Satzarten und den entsprechenden Bemerkungsformen genau an und beurteile ihre kommunikative Funktion.
2. Überlege, welche Art von Kommentierung zutreffen kann.

1. Ordne Behauptungen und Bemerkungen (A) in Zwei-Satz-Texten einander zu.
2. Suche und notiere zu den Bemerkungen (B) entsprechende Behauptungen.

Auf dem Prüfstand

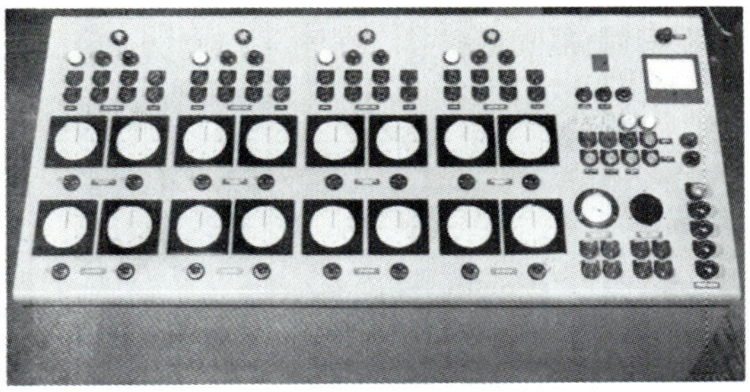

INFO 27: Sprachproben

Mit der ZERLEGPROBE lassen sich Sätze in ihre kleinsten Einheiten (= Morpheme) zerlegen.

Beispiel: Mit / der / Zer / leg / probe / lass / en / sich / Sätz / e / in / ihr / e / klein / st / en / Ein / heit / en / zer / leg / en.

Mit der VERTAUSCHPROBE (= Umstellprobe) kann man innerhalb eines Satzes die Satzglieder vertauschen.

Beispiel: Mit der Vertauschprobe kann man innerhalb eines Satzes die Satzglieder vertauschen. – Innerhalb eines Satzes kann man mit der Vertauschprobe die Satzglieder vertauschen. – usw.

Mit der ERSATZPROBE lassen sich innerhalb eines Satzes Listen von einsetzbaren Wörtern aufstellen.

Beispiel:

			eine Auswahl			
			eine Anzahl			kombinieren
	Auswechselprobe		eine Reihe			erstellen
	Einsetzprobe		eine Gruppe			sammeln
Mit der	Ersatzprobe	läßt sich	eine Liste	von	Wörtern	aufstellen.
		kann man			Begriffen	
		vermag man			Nomen	
		darf man			Ausdrücken	

Mit der WEGLASSPROBE lassen sich Sätze auf ihre unbedingt notwendigen Satzglieder zurückführen.

Beispiel: Mit der Weglaßprobe lassen sich Sätze auf ihre unbedingt notwendigen Satzglieder zurückführen. – Mit der Weglaßprobe lassen sich Sätze zurückführen. – Sätze lassen sich zurückführen.

Mit der VERWEISPROBE lassen sich nominale Satzglieder auf ihre Stellvertreter zurückführen.

Beispiel: Mit der Verweisprobe lassen sich nominale Satzglieder auf ihre pronominalen Stellvertreter zurückführen. – Mit ihr lassen sie sich darauf zurückführen. Mit ihr lassen sie sich auf jene zurückführen.

Mit der ÜBEREINSTIMMUNGSPROBE wird überprüft, ob Subjekt und Prädikat nach Zahl und Person übereinstimmen.

Beispiel: Satzkern und Satzergänzung / Die Satzglieder / Prädikat und Subjekt } stimmen überein.

Mit der INFINITIVPROBE lassen sich alle Teile der Satzaussage ans Satzende schieben. Dabei fällt das Subjekt heraus.

Beispiel: Mit der Infinitivprobe sich ans Satzende schieben lassen / alle Teile der Satzaussage.
dabei herausfallen / das Subjekt.

Mit der UMSETZPROBE lassen sich Satzmuster in andere Satzmuster überführen.

Beispiel: Peter fehlt wegen Krankheit. Peter fehlt, weil er krank ist.
Ich befürchte, daß es schlimmer wird. Ich befürchte eine Verschlimmerung.

Mit der VERKETTUNGSPROBE lassen sich nominale, pronominale und adverbale Textelemente im textlichen Zusammenhang verdeutlichen.

Beispiel: Mit der Verkettungsprobe lassen sich nominale, pronominale und adverbale Textelemente in ihrem Zusammenhang verdeutlichen. Damit lassen sich Verkettungsformen in ihrer Verweisung veranschaulichen.

Mit BEMERKUNGSPROBEN lassen sich Sätze in ihrem Sinngehalt und ihrem kommunikativen Wert bestimmen.

Beispiel: Grammatix hat immer seine Kommentare zur Grammatik abgegeben. Daß Grammatix immer seine Kommentare zur Grammatik abgegeben hat, ist typisch für ihn.

ARBEITSAUFTRAG

1. In der Grammatik gibt es eine Reihe von Prüfverfahren, mit deren Hilfe man Wörter, Sätze und Texte genauer erfassen und leichter begreifen kann.
2. Solche grammatischen Untersuchungsmethoden nennt man Proben.
3. Du solltest sie bei jeder Textarbeit einsetzen, damit du Texte besser verstehen und bessere Texte verfassen kannst.

Erklären und Verstehen

Die Stufen der Erkenntnis sind einer Treppe mit 5 Stufen vergleichbar, die von der einfachen Beschreibung bis zur richtigen Beurteilung aufsteigt: beschreiben, erklären, verstehen, deuten, beurteilen.
Zunächst wird jede Untersuchung einfach wiedergegeben, was da ist und wie es da ist. Darauf baut dann die Erklärung auf.

An die Stufe der Erklärung fügt sich die des Verstehens. Hierbei lassen sich 2 Teilstufen unterscheiden.

- Zunächst geht es darum, alle Ursachen zusammen zu sehen und den Zweck zu berücksichtigen. Verstehen kann man einen Vorgang aber erst aus der Zielsetzung seines natürlichen Ablaufs, z. B. dem Selbsterhaltungstrieb und der Genußfreude des Menschen beim Essen.
- Sodann wird von Verstehen dort gesprochen, wo es sich um den Einblick in Menschen oder menschliche Taten handelt. Sie wollen aus der Person des andern selbst verstanden werden.

Die Stufe der Deutung geht nun noch einen Schritt über das Erklären und Verstehen hinaus und bezieht einzelne Geschehnisse auf das Ganze der Welt, einzelne Handlungen auf das Ganze der Menschheit.
Die oberste Stufe einer methodischen Erkenntnis ist die Beurteilung. Sie beläßt es nicht nur bei der Deutung, sondern wendet diese auf das Handeln des Menschen an. Aus der Deutung ergibt sich eine Folgerung für das, was der Mensch tun soll. Beurteilen heißt: einen Maßstab setzen, nach dem ich mein praktisches Tun ausrichte.

Wortfeld: verstehen

auf sich wirken lassen
auslegen
aufweisen
analysieren
beobachten
bemerken
durchschauen
durchdringen
einleuchten
einsehen
erkennen
einsichtig machen
erfassen
erklären
entdecken
ergründen
erschließen
einem vorschweben
einem ein Licht aufgehen
einen Eindruck gewinnen
ins Bewußtsein heben
kapieren
klären
nacherleben
nachvollziehen
nachempfinden
reflektieren
sich vorstellen
sich vor Augen führen
sich anschaulich machen
sich versenken
sich aneignen
sich vertiefen
sich hineindenken
sich bewußt machen
unterscheiden
überlegen
verarbeiten
wahrnehmen
anwenden
verwerten

INFO 28: Textverständnis

1. Jeder sinnvolle Text enthält eine Botschaft.
2. Wer einen Text verstehen will, wird den ganzen Text aufmerksam hören oder lesen, die Einzelheiten bedenken oder befragen, den Gesamtsinn des Textes zusammenfassen und sich einprägen.
3. Es gibt 5 Arbeitsschritte, die zum Textverständnis hinführen:
   - *Textaufnahme:* durch lautes oder stilles Lesen, Hören oder Betrachten ein vorläufiges Gesamtverständnis gewinnen.
   - *Texterläuterung:* Wörter und Sätze begreifen, Mißverständnisse ausräumen und Einzelheiten zusammenfassen.
   - *Textbeschreibung:* den gedanklichen Aufbau und seinen sprachlichen Ausbau erkennen und festhalten.
   - *Textzusammenschau:* den Gesamtsinn erfassen und festhalten.
   - *Texterörterung:* Bedeutung für den heutigen Leser/Hörer/Betrachter bewußt machen.

ARBEITSAUFTRAG

1. Lies den Text „Erklären und Verstehen“ und besprich seine Grundbegriffe.
2. Vergleiche diese Erörterung mit den Aussagen der INFO 26 und wende das vorgeschlagene Untersuchungsverfahren auf alle Textbeispiele von Seite 60 bis 68 an.

1. Lies das Wortfeld „verstehen“ und ergänze die Liste aus entsprechenden Wörterbüchern.
2. Gliedere die Sammlung der Ausdrücke, indem du sie den einzelnen Arbeitsschritten zuordnest.